NOUVEAUX CLASSIQUES LAROUSSE

Collection fondée en 1933 par
FÉLIX GUIRAND

continuée par
LÉON LEJEALLE (1949 à 1968) et JEAN-POL CAPUT (1969 à 1972)
Agrégés des Lettres

LE JEU DE L'AMOUR ET DU HASARD

comédie

Phot. Giraudon.

L'AMANTE INQUIÈTE

Peinture de Watteau.

Musée de Chantilly.

MARIVAUX

LE JEU DE L'AMOUR ET DU HASARD

comédie

avec une Notice biographique, une Notice historique et littéraire, un Lexique, des Notes explicatives, une Documentation thématique, des Jugements, un Questionnaire et des Sujets de devoirs,

par

JACQUELINE CASALIS

Ancienne élève de l'École normale supérieure

Agrégée des Lettres

LIBRAIRIE LAROUSSE

17, rue du Montparnasse, et boulevard Raspail, 114

Succursale : 58, rue des Écoles (Sorbonne)

RÉSUMÉ CHRONOLOGIQUE DE LA VIE DE MARIVAUX 1688-1763

1688 — Naissance à Paris de Pierre Carlet (4 février), baptisé à la paroisse Saint-Gervais. Son père devient deux ans plus tard directeur de la Monnaie de Riom.

1706-1711 — Composition du *Père prudent et équitable*, comédie (éd. 1732).

1710-1713 — Etudes de droit à Paris. Fréquentations littéraires, en particulier au salon de la marquise de Lambert.

1712 — *Pharsamond ou les Folies romanesques*, roman (éd. 1737).

1713-1714 — *Les Aventures de XXX ou les Effets surprenants de la sympathie*, roman en cinq volumes, publié avec l'approbation de Fontenelle.

1714 — *La Voiture embourbée*, roman en un volume. — *Le Triomphe de Bilboquet ou la Défaite de l'esprit, de l'amour et de la raison*, essai satirique. — Approbation de Burette, censeur royal, pour le manuscrit du *Télémaque travesti*, parodie burlesque, imprimée à Amsterdam en 1735 et 1736 seulement, critiquée très sévèrement par Desfontaines; Marivaux devra le désavouer en 1736.

1717 — *L'Iliade travestie*. La critique du *Mercure* est assez violente : « Que ce style jamais ne souille votre ouvrage. » Pierre Carlet signe pour la **première fois** du nom de **Marivaux.** — Marivaux épouse à Paris Colombe Bologne, dotée de 40 000 livres (juillet).

1717-1719 — Publication dans *le Mercure* de plusieurs essais : « Pensées sur différents sujets », « Sur la clarté du discours », « Sur la pensée sublime ».

1719 — Naissance de Colombe-Prospère, fille de Marivaux.

1720 — Banqueroute de Law, qui entraîne la ruine de Marivaux. — *L'Amour et la vérité*, écrit en collaboration avec Saint-Jorry. Le texte est perdu. — ***Arlequin poli par l'amour*** (éd., 1723, sans nom d'auteur). — *Annibal*, tragédie, en cinq actes, est joué aux Comédiens-Français, (trois représentations) [éd. 1727, sans nom d'auteur].

1721-1722 — Parution de six feuilles du *Spectateur français*, gazette.

1722 — ***La Surprise de l'amour*** (mai), compte rendu très favorable dans *le Mercure*; représentée à la Cour en 1731.

1723 — Mort de Mme de Marivaux. — ***La Double Inconstance*** (avril), compte rendu élogieux dans *le Mercure;* reprise au théâtre en 1726 et 1736.

1724 — *Le Prince travesti*. On trouve dans le compte rendu du *Mercure* ce jugement : « Il faut avouer que cette manière d'écrire n'est pas tout à fait naturelle, elle a quelque chose d'éblouissant qui va jusqu'à la séduction. » Reprise au théâtre en 1729. — *La Fausse Suivante* (publiée en extraits dans *le Mercure*), reprise en 1729 et 1741. — *Le Dénouement imprévu.*

1725 — *L'Ile des esclaves,* reprise au théâtre en 1726 et 1736. — *L'Héritier de village.*

1726-1727 — Date probable de la composition de *l'Indigent philosophe* (gazette anonyme), en onze feuilles.

1727 — *La Seconde Surprise de l'amour;* *l'Ile de la raison.*

1729 — *La Nouvelle Colonie ou la Ligue des femmes; le Triomphe de Plutus.* — On annonce *la Vie de Marianne ou les Aventures de Madame la Comtesse de...* — Représentation à la Cour de *la Double Inconstance* et d'*Arlequin Hulla* (pièce de l'acteur Romagnesi, qui passe pour être de Marivaux).

ISBN 2-03-034591-1

1730 — Ouverture, rue de Beaune, du salon de Mme du Deffand, où est reçu Marivaux. — ***Le Jeu de l'amour et du hasard.*** Commentaire élogieux du *Mercure* : « Au reste tout le monde convient que la pièce est bien écrite et pleine d'esprit, de sentiment et de délicatesse. »

1731 — *La Réunion des amours.* — Première partie de la ***Vie de Marianne*** (huit parties en tout, jusqu'en 1741. Il y aura par la suite trois parties apocryphes publiées à La Haye).

1732 — *Le Triomphe de l'amour,* joué à la Cour : très grand succès. — *Les Serments indiscrets.* — *L'École des mères.*

1733 — Mort de Mme de Lambert, chez qui fréquentait Marivaux. Ouverture du salon de Mme de Tencin, qui recueille les invités de Mme de Lambert. — *L'Heureux Stratagème.*

1734 — Publication du *Cabinet du philosophe,* journal, onze feuilles. — ***Le Paysan parvenu ou les Mémoires de M...,*** roman qui paraît en plusieurs parties (la cinquième en 1735). — *La Méprise.* — *Le Petit-Maître corrigé* : « Echec », dit *le Mercure.*

1735 — *La Mère confidente.*

1736 — Reprises diverses : *la Double Inconstance, l'Ile des esclaves.* Désaveu des œuvres satiriques. — **Le Legs.**

1737 — ***Les Fausses Confidences,*** peu de succès, reprises en 1738 avec davantage de succès.

1738 — *La Joie imprévue.*

1739 — *Les Sincères.* — Neuvième et dernière partie (apocryphe) de la *Vie de Marianne* à La Haye. — Mort de Thomassin Vicentini, qui jouait les rôles d'Arlequin.

1740 — *L'Épreuve.*

1742 — Réimpression des onze parties (dont trois apocryphes) de la *Vie de Marianne* à Paris, chez Prault. Mme de Tencin commence une campagne en faveur de l'entrée de **Marivaux à l'Académie.** Marivaux **est élu** successeur de l'abbé Houtteville, à l'unanimité, **contre Voltaire,** par le parti dévot.

1743 — Réception de Marivaux à l'Académie (4 février).

1744 — Location d'un corps de logis de l'hôtel d'Auvergne par Mlle de Saint-Jean, qui y habite avec Marivaux. — Lecture à l'Académie des *Réflexions sur le progrès de l'esprit humain.* — *La Dispute.*

1745 — Colombe-Prospère de Marivaux entre au noviciat de l'abbaye du Trésor, à Bus-Saint-Rémy, près des Andelys, et prononce ses vœux l'année suivante.

1746 — *Le Préjugé vaincu.*

1749 — Mort de Mme de Tencin. Marivaux fréquente alors le salon de Mme Geoffrin.

1753 — Donation, par Marivaux, de ses biens à Mlle de Saint-Jean.

1754 — Mort de Silvia Balletti.

1755 — *Réflexions sur l'esprit humain à l'occasion de Corneille* et *Racine; Réflexions sur Thucydide,* publiées par *le Mercure. La Femme fidèle,* drame bourgeois, une représentation.

1757 — *Félicie,* comédie allégorique, lue aux Comédiens-Français. Marivaux et Mlle de Saint-Jean s'installent rue de Richelieu et se constituent une rente viagère mutuelle. — *Les Acteurs de bonne foi,* publiés dans *le Conservateur.*

1758 — *Édition Duchesne des œuvres de théâtre de Marivaux,* cinq volumes in-12.

1761 — *La Provinciale,* comédie en un acte, pièce attribuée, peut-être à tort, à Marivaux et publiée dans *le Mercure.*

1763 — Mort de Marivaux à Paris (12 février).

Marivaux avait trente-trois ans de moins que Regnard; vingt-sept ans de moins que Dancourt; six ans de plus que Voltaire; vingt-cinq ans de plus que Diderot; trente et un ans de plus que Sedaine; quarante-quatre ans de plus que Beaumarchais.

MARIVAUX ET SON TEMPS

	la vie et l'œuvre de Marivaux	le mouvement intellectuel et artistique	les événements politiques
1688	Naissance à Paris (4 février).	La Bruyère : *les Caractères.*	Début de la guerre de la ligue d'Augsbourg. Débarquement de Guillaume d'Orange en Angleterre.
1706	Séjourne en province. Ecrit sa première comédie : *le Père prudent et équitable.*	Arouet (Voltaire) est introduit dans la société du Temple.	Défaites françaises à Turin et à Ramillies (guerre de Succession d'Espagne).
1712	Premier roman : *Pharsamond ou les Folies romanesques.*	Fénelon : *Dialogues des morts.*	Mort du duc de Bourgogne.
1717	*L'Iliade travestie,* parodie d'Homère en douze chants.	Arouet à la Bastille. Destouches : *l'Envieux.* Watteau : *l'Embarquement pour Cythère.*	Le tzar Pierre le Grand à Paris.
1720	*Annibal,* tragédie. *Arlequin poli par l'amour.*	Traduction française de *Robinson Crusoé* de Daniel Defoe et du *Spectator* d'Addison.	Law, contrôleur général des Finances (janvier) : faillite de son système (juillet).
1721	Ruine, consécutive à la banqueroute de Law.	Montesquieu : les *Lettres persanes.* Mort de Watteau.	Traité de Nystadt, imposé par Pierre le Grand à la Suède.
1722	*La Surprise de l'amour.* Fondation du *Spectateur français.*	*Traité d'harmonie* de J.-P. Rameau. Grand prix de sculpture à Bouchardon.	Le cardinal Dubois, Premier ministre.
1723	*La Double Inconstance.*	Saint-Simon commence à écrire ses *Mémoires.*	Mort du Régent et du cardinal Dubois.
1724	*Le Prince travesti. La Fausse Suivante. Le Dénouement imprévu.*		Fondation de la Bourse de Paris.
1725	*L'Ile des esclaves. L'Héritier de village.*	Seconde incarcération de Voltaire à la Bastille. Naissance de Greuze.	Mariage de Louis XV et de Marie Leczinska. Mort de Pierre le Grand.
1727	*La Seconde Surprise de l'amour. L'Ile de la raison.*	Départ de l'abbé Prévost pour l'Angleterre. Mort de Newton.	Rupture anglo-espagnole.
1729	*La Nouvelle Colonie ou la Ligue des femmes.*	Voyage de Montesquieu à travers l'Europe. J.-J. Rousseau chez Mme de Warens.	Traité de Séville entre l'Angleterre et l'Espagne.

1730	*Le Jeu de l'amour et du hasard.*	fand. Succès des peintres Lancret et Boucher, du musicien F. Couperin.	gleterre. Avènement d'Anna Ivanovna en Russie.
1731	Début de *la Vie de Marianne* (roman).	Voltaire : *Histoire de Charles XII*. Abbé Prévost : *Manon Lescaut*. Mort de Daniel Defoe.	Traités de Vienne, entre l'Autriche, d'une part, l'Espagne et l'Angleterre, d'autre part.
1732	*Le Triomphe de l'amour. Les Serments indiscrets. L'École des mères.*	Destouches : *le Glorieux*. Voltaire : *Zaïre*. Naissance de Fragonard et de Beaumarchais.	Mort d'Auguste II, roi de Pologne, cause de la guerre de Succession de Pologne.
1734	*La Méprise. Le Petit-Maître corrigé. Le Paysan parvenu*, roman inachevé.	Voltaire : *Lettres philosophiques*. Montesquieu : *Considérations sur les causes de la grandeur et de la décadence des Romains.*	Guerre de Succession de Pologne (depuis octobre 1733) : victoires françaises, mais fuite et abdication de Stanislas Leczinski.
1735	*La Mère confidente.*	La Chaussée : *le Préjugé à la mode.* Mouhy : *la Paysanne parvenue* (roman).	Préliminaires de paix entre l'Autriche et la France pour régler la Succession de Pologne.
1736	*Le Legs.*	Le Sage : *le Bachelier de Salamanque.* Voyages de Maupertuis et de La Condamine pour mesurer la Terre.	Stanislas Leczinski devient roi de Lorraine.
1737	*Les Fausses Confidences.*	Naissance de Bernardin de Saint-Pierre. Premier salon de peinture. Travaux scientifiques de Réaumur et de Vaucanson.	Disgrâce de Chauvelin, secrétaire d'État aux Affaires étrangères.
1739	*Les Sincères.*	Buffon nommé intendant du Jardin du roi.	Guerre anglo-espagnole.
1740	*L'Épreuve.*	Premier voyage de Voltaire à Berlin.	Début de la guerre de Succession d'Autriche.
1742	Élection à l'Académie française.	Voltaire : *Mahomet.*	Dupleix, gouverneur général de la Compagnie des Indes, lutte contre les Anglais.
1753	Reçoit une pension du roi.	J.-J. Rousseau : *le Devin du village.* L'*Encyclopédie* et l'*Histoire naturelle* de Buffon continuent à paraître.	Conflit entre le parlement et le pouvoir royal au sujet des billets de confession.
1763	Mort à Paris (12 février).	Voltaire : *Traité sur la tolérance.* Réponse de J.-J. Rousseau au mandement condamnant l'*Émile.*	Traité de Paris, qui termine la guerre de Sept Ans.

CLASSEMENT PAR GENRE DES COMÉDIES DE MARIVAUX

avec le nombre de représentations du vivant de l'auteur.

	Date	Titre	Nombre d'actes	Troupe	Représentations
Comédies allégoriques.	1720	*L'Amour et la vérité.*	1	Italiens	3
	1728	*Le Triomphe de Plutus.*	1	Italiens	12
	1731	*La Réunion des amours.*	1	Français	10
Comédies héroïques.	1724	*Le Prince travesti.*	3	Italiens	16
	1732	*Le Triomphe de l'amour.*	1	Italiens	6
Comédies de mœurs.	1725	*L'Héritier de village.*	1	Italiens	9
	1732	*L'École des mères.*	1	Italiens	14
	1734	*Le Petit-Maître corrigé.*	3	Italiens	1
		La Commère.	Manuscrit découvert en 1965.		
Comédies de caractère.	1739	*Les Sincères.*	1	Italiens	
	1746	*Le Préjugé vaincu.*	1	Français	7
Comédies d'intrigue.	1706-1711	*Le Père prudent et équitable.*	1	(joué à Limoges)	1 (?)
	1724	*La Fausse Suivante.*	3	Italiens	13
	1724	*Le Dénouement imprévu.*	1	Français	6
	1733	*L'Heureux Stratagème.*	3	Italiens	18
	1734	*La Méprise.*	1	Italiens	3
	1737 ou 1738	*La Joie imprévue.*	1	Italiens	?
Comédies d'amour.	1720	*Arlequin poli par l'amour.*	1	Italiens	12
	1722	*La Surprise de l'amour.*	3	Italiens	16
	1723	*La Double Inconstance.*	3	Italiens	15
	1727	*La Seconde Surprise de l'amour.*	3	Français	14
	1730	*Le Jeu de l'amour et du hasard.*	3	Italiens	14
	1732	*Les Serments indiscrets.*	5	Français	9
	1740	*L'Épreuve.*	1	Italiens	17
Comédies sociales.	1725	*L'Ile des esclaves.*	1	Italiens	21
	1727	*L'Ile de la raison.*	3	Français	4
	1729	*La Nouvelle Colonie.*	3	Italiens	?
Comédies appartenant à plusieurs genres.	1735	*La Mère confidente.*	3	Italiens	17
	1736	*Le Legs.*	1	Français	7
	1737	*Les Fausses Confidences.*	3	Italiens	6
	1744	*La Dispute.*	1	Français	1

BIBLIOGRAPHIE SOMMAIRE

ÉDITIONS DE MARIVAUX

Théâtre complet de Marivaux (les Editions nationales [les Classiques verts], Paris, 1946, 2 vol. in-4°, contenant l'*Hommage à Marivaux*, de Jean Giraudoux, et une introduction de Jean Fournier et Maurice Bastide).

Théâtre choisi de Marivaux (présenté par Fr. Deloffre, Editions Sansoni, Florence, 1959-1960, 2 vol. in-12, P. U. F., 1960).

SUR MARIVAUX

Gustave Larroumet — *Marivaux, sa vie et ses œuvres* (Paris, Hachette, 1882).

Pierre Trahard — *les Maîtres de la sensibilité française au XVIIIe siècle (1715-1789)* [Paris, Boivin, 1931-1933, 4 vol. in-8°; tome Ier].

Marie-Jeanne Durry — *Quelques Nouveautés sur Marivaux* (Paris, Boivin, 1939, in-8°).

Xavier de Courville — *Un apôtre dans l'art du théâtre au XVIIIe siècle, Luigi Riccoboni, dit « Lélio »* (Paris, Droz, 1943, 4 vol. in-8°).

Claude Roy — *Lire Marivaux* (« les Cahiers du Rhône », Editions du Seuil-Editions de la Baconnière, Paris, 1947, 1 vol. in-12).

Marcel Arland — *Marivaux* (Paris, N. R. F., 1950).

Gustave Attinger — *l'Esprit de la commedia dell'arte dans le théâtre français* (théâtre de Neuchâtel, Librairie théâtrale, Paris, 1950, 1 vol. in-8°).

Paul Gazagne — *Marivaux par lui-même* (Paris, Edition du Seuil, 1954, 1 vol. in-12).

J. B. Ratermanis — *Etude sur le comique dans le théâtre de Marivaux* (Genève, Droz; Paris, Minard, 1961).

SUR LE VOCABULAIRE ET LA LANGUE

Frédéric Deloffre — *Une préciosité nouvelle : Marivaux et le marivaudage* (étude de langue et de style, Paris, Belles-Lettres, 1955, in-4°).

Jean Dubois et René Lagane — *Dictionnaire de la langue classique* (Paris, Belin, 1960).

LE JEU DE L'AMOUR ET DU HASARD
1730

NOTICE

CE QUI SE PASSAIT EN 1730

■ ***EN POLITIQUE :*** *Règne de Louis XV; ministère du cardinal Fleury. Déclaration royale imposant au clergé la bulle* Unigenitus. *Alliance de la France et de l'Espagne.*

■ ***EN LITTÉRATURE :*** *Au Théâtre-Français, Voltaire fait jouer* Brutus; *Piron, sa tragédie de* Callisthène. *En 1732, Destouches donne* le Glorieux, *Voltaire* Zaïre. *Séjour de Montesquieu en Angleterre; Voltaire publie, en 1731, son* Charles XII, *l'abbé Prévost* Manon Lescaut *au tome VII des* Mémoires d'un homme de qualité.

■ ***DANS LES SCIENCES ET DANS LES ARTS :*** *Réaumur invente le thermomètre. — Lancret continue à peindre des fêtes galantes à l'imitation de Watteau, mort en 1721. Boucher revient de Rome et peint* Vénus commandant à Vulcain des armes pour Enée, *tableau qui sera exposé en 1732. Chardin vient d'être reçu à l'Académie des beaux-arts. Portraits de Nattier. Pastels de Quentin de La Tour. Naissance de Fragonard. Coustou sculpte les trophées et les enfants de bronze qui ornent la statue de Louis XIV, place des Victoires. Gabriel reconstruit le château de Compiègne et des bâtiments dans la cour du Louvre. François Couperin le Grand publie son* Quatrième Livre de pièces de clavecin. *Händel, à Londres, compose ses derniers opéras. Pergolèse écrit* la Servante maîtresse, *qui plus tard sera à Paris l'occasion d'une grande querelle entre partisans de la musique italienne et partisans de la musique française.*

CIRCONSTANCES DE LA REPRÉSENTATION

Le Jeu de l'amour et du hasard fut créé le 23 janvier 1730 par les comédiens-italiens; la pièce eut 14 représentations. Marivaux avait déjà donné 14 pièces, dont 10 furent jouées par les comédiens-italiens. Trois avaient connu un succès plus grand que *le Jeu de l'amour et du hasard* : ce sont *la Surprise de l'amour* (16 représentations), *le Prince travesti* (16 représentations) et *l'Ile des esclaves* (21 représentations, la plus jouée des œuvres de Marivaux de son vivant).

Parmi les pièces données au Théâtre-Français, la plus jouée, *la Seconde Surprise de l'amour,* obtint 14 représentations. Trois pièces de Marivaux obtinrent un succès plus grand : *l'Heureux Stratagème* (18 représentations au Théâtre-Italien), *la Mère confidente* (17 représentations au Théâtre-Italien) et *l'Épreuve* (17 représentations au Théâtre-Italien également). Marivaux lui-même n'attachait pas une importance particulière à cette pièce. Par la suite, l'œuvre fut reprise ou réimprimée en 1732, 1736, 1740, 1758. Vers 1760, elle connut un déclin qui coïncida avec la disparition des comédiens-italiens, mais fut jouée au Théâtre-Français de 1794 à 1796, puis régulièrement au XIXe siècle. Mlle Mars au XIXe siècle, Sarah Bernhardt au XXe siècle furent de très grandes interprètes de Silvia. La millième représentation du *Jeu* a été célébrée en juin 1948, à la Comédie-Française, qui en a donné au total 1 357 jusqu'en 1967. C'est la pièce de Marivaux la plus fréquemment jouée.

LES COMÉDIENS-ITALIENS

Les premiers comédiens-italiens avaient été introduits en France en 1570 par Marie de Médicis. Renvoyés par le parlement parce qu'ils coûtaient trop cher, ils furent successivement rappelés par Henri III en 1577, puis chassés à cause du caractère licencieux de leurs spectacles. Revenus à la fin du siècle, ils jouèrent en permanence de 1660 à 1697, année où ils furent expulsés par ordre de Louis XIV, pour être rappelés par le Régent en 1715. Les acteurs qui composaient la troupe sont, à ce moment, des interprètes de tout premier ordre, qui, pourtant, connaissent la désaffection du public. Ils furent sauvés par Goldoni, qui, lors d'un long séjour à Paris, fit jouer en français plusieurs de ses comédies, par Autreau, et par Marivaux.

Dès 1720 s'ébauche entre Marivaux et les comédiens-italiens une féconde collaboration. Les comédiens-italiens étaient alors quelque peu délaissés, quarante ans après la fondation de la Comédie-Française; et Marivaux trouve en eux des interprètes plus à son goût que les comédiens-français, auxquels il reproche un certain penchant à la déclamation et un manque de naturel. Les Italiens sont, au contraire, pleins de fantaisie, de mouvement et de gaieté; ils apportent avec eux la tradition de la commedia dell'arte, comédie improvisée sur un thème donné, où chaque acteur reprend des jeux traditionnels et propres à son personnage. Ce qui séduisait surtout Marivaux, c'était, outre leur culture et leur sensibilité, le rôle de la mimique et du geste dans leur jeu. Marivaux souhaitait que les acteurs « ne paraissent jamais sentir la valeur de ce qu'ils disent, et qu'en même temps les spectateurs le sentent ». Et ce talent de faire deviner et de suggérer les sentiments, il le trouvait chez les comédiens-italiens. Par ailleurs, la troupe italienne était, au XVIIIe siècle, assez différente de ce qu'elle était à ses débuts : tout en maintenant des traditions d'improvisation, de jeu mimé et de fantaisie, les comédiens s'étaient passablement affinés : les lazzi — jeux de mots ou jeux de scène — d'Arlequin n'avaient plus rien du style de grosse farce d'autrefois. En 1730, la troupe était dirigée par Romagnesi, si l'on admet que l'acteur Luigi Riccoboni, dit « Lélio », qui jouait autrefois les jeunes premiers, venait de quitter la troupe qu'il dirigeait jusque-là, et comptait comme interprètes principaux : Antonio Baletti, dit « Mario », qui jouait les rôles de second amoureux et de jaloux; Tomaso Antonio Visentini, dit « Thomassin », qui était un Arlequin vif, mais aussi frémissant et sensible; et Zanetta Rosa Giovanna Benozzi, dite « Silvia », épouse d'Antonio Baletti, qui joua d'abord les secondes amoureuses, les ingénues, puis les premières amoureuses. On trouve dans les *Mémoires* de Casanova ce jugement : « Elle avait la taille élégante, l'air noble, les manières aisées, affable, riante, fine dans ses propos, obligeant tout le monde, remplie d'esprit et sans la moindre prétention [...]. On n'a jamais pu trouver une actrice capable de la remplacer; et pour qu'on la trouve, il faut qu'elle réunisse en elle toutes les parties que Silvia possédait dans l'art difficile du théâtre : action, voix, esprit, physionomie, maintien et une grande connaissance du cœur humain. Tout en elle était nature, et l'art qui la perfectionnait était toujours caché. » Et Silvia était capable, dit-on, de parler indéfiniment sans avoir l'air de reprendre son souffle. Dans *le Jeu,* Silvia et Mario jouaient le rôle qui porte leur nom, Thomassin celui d'Arlequin; le rôle de Dorante était peut-être tenu par Romagnesi.

ANALYSE DE LA PIÈCE

(Les scènes principales sont indiquées entre parenthèses.)

■ *ACTE PREMIER.* **Le jeu et ses surprises.**

Silvia, jeune fille de la noblesse (ou de la grande bourgeoisie) parisienne, s'entretient du mariage avec sa confidente, Lisette, à propos de la venue prochaine de son prétendant, Dorante. Elle s'inquiète de ce mariage, car elle ne connaît pas Dorante, et il s'agit d'un mariage de convenance. Elle cite à Lisette, avec animation, les exemples de ses amies, mal mariées, malgré les apparences **(scène première).** Comme M. Orgon, son père, s'étonne de rencontrer de pareils sentiments chez une jeune fille, Silvia obtient de pouvoir examiner plus librement Dorante en changeant de costume et de rôle avec Lisette, capable réciproquement de la remplacer. M. Orgon accepte par bonté cette proposition **(scène II).** Il l'explique à son fils Mario, tout en lui lisant une lettre du père de Dorante : celui-ci, pour les mêmes motifs, doit arriver sous l'habit de son valet Arlequin, qui le remplace. Dès lors, malgré l'offre du père de Dorante, M. Orgon et Mario décident de ne pas avertir Silvia : Silvia et Dorante seront dans des situations égales, il n'y a qu'à laisser faire les choses. Silvia reparaît, travestie en femme de chambre, avec l'ambition de séduire le maître sans être humiliée par la familiarité d'un valet. Dorante, sous le nom de Bourguignon, trouve la famille Orgon réunie : son entrée est cérémonieuse. Il faut que M. Orgon et Mario forcent Silvia et Dorante à se rappeler leur rôle de circonstance, auquel répugne leur sensibilité. Mario même entre dans le jeu, et feint un amour flatteur pour la pseudo-Lisette **(scène VI).** Silvia et Dorante restent seuls : à la gêne et à la timidité s'entremêlent la surprise, la peur d'écouter un domestique, l'intérêt que chacun prend aux paroles et aux compliments de l'autre. Silvia, pourtant, écourte l'entretien, s'accusant d'écouter un valet **(scène VII).** Là-dessus, brusque arrivée d'Arlequin, qui joue au nouveau maître avec une sûreté caricaturale. Silvia s'étonne d'une pareille étrangeté du sort, cependant que Dorante, gêné et en proie à un sentiment de malaise qu'il ne sait à quoi attribuer, reproche à Arlequin ses familiarités. M. Orgon survient à point pour recevoir Arlequin sans étonnement, et le jeu peut continuer.

■ *ACTE II.* **Une partie difficile pour Dorante et Silvia.**

Tout se déroule alors comme prévu pour le spectateur privilégié qu'est M. Orgon. Les autres personnages ont lieu de s'étonner. Lisette d'abord avertit M. Orgon de l'amour que lui porte le pseudo-Dorante et demande, par honnêteté, qu'on cesse le jeu. Quant à Silvia, elle est, d'après Lisette, troublée par Bourguignon. M. Orgon rassure Lisette, lui permet tout ce qu'elle voudra, mais lui demande d'accuser Bourguignon devant Silvia **(scène première).** Arlequin et Lisette se retrouvent avec joie, et Arlequin fait sa cour à Lisette de façon endiablée **(scène III).** Une première interruption : Dorante demande à Arlequin de le débarrasser de tout cela, contrarie celui-ci, qui a du mal à reprendre un ton aussi à l'aise que précédemment. Les deux valets jurent de s'aimer toujours, quel que soit leur véritable état, quand ils se connaîtront mieux : un double aveu est bien près de le leur révéler **(scène V),** quand il est suspendu par une nouvelle interruption, de Silvia cette fois, demandant à Lisette la même chose que Dorante à Arlequin. Mais Lisette obéit aux ordres reçus de M. Orgon (voir acte II, scène première), et Silvia doit écouter ses remarques sur Bourguignon. Cet entretien la met au bord des larmes, la blesse et l'amène à prendre une conscience plus nette de sa situation face à Dorante. Dorante la trouve occupée à ces réflexions; cependant, malgré l'intention déclarée à Dorante de ne plus le voir, malgré le désir avoué par Dorante de s'en aller, l'un et l'autre demeurent sous prétexte de parler de leurs maîtres et du prochain départ de Dorante : finalement, Silvia avoue à Dorante qu'elle l'aurait aimé, s'il était de bonne condition **(scène IX).**

A leur tour d'être interrompus par M. Orgon et Mario, qui renvoient Dorante par vexation et taquinerie. Tous deux agacent Silvia, la pressent de questions, l'amènent à des aveux partiels dont elle se repent, et la laissent très troublée, après avoir exigé d'elle qu'elle poursuive un jeu dont elle est lasse. Le retour de Dorante change pourtant tout cela : il avoue à Silvia sa véritable identité. Mais, nouvelle surprise, Silvia ne dit rien sur elle et continue le jeu avec entrain **(scène XII).** Mario reçoit les confidences enthousiastes de sa sœur, ravie de voir que celui vers lequel elle était attirée est de la même condition qu'elle.

■ *ACTE III.* **La victoire de Silvia.**

C'est au tour d'Arlequin d'avertir son maître de la situation : plus arriviste que Lisette, il espère épouser la pseudo-Silvia, quitte à lui révéler sa véritable identité, comme le lui ordonne Dorante. Mario rencontre alors Dorante et excite sa jalousie, sans trop le décourager, se présentant comme un rival malchanceux. Silvia survient et entre dans le jeu avec la plus grande aisance. Nouvelle vexation pour Dorante, qui doit encore se retirer. A son père et son frère, Silvia avoue son espoir : que Dorante lui offre, sous son déguisement, le mariage. Et elle insiste maintenant pour continuer le jeu. Ce combat difficile et attendu est remis par l'arrivée de Lisette, qui, comme Arlequin, demande à son maître le droit de tirer les conclusions du jeu en ce qui la concerne. La scène entre Lisette et Arlequin, commencée dans le double espoir d'un mariage inespéré, et, avec tout le respect que chacun des valets doit à un maître, s'achève, après un double aveu, dans la bonne humeur **(scène VI).** Arlequin prend sa revanche sur son maître Dorante, qui, trop en souci pour lui-même, a peine à croire qu'Arlequin épouse réellement la fille de M. Orgon, mais ne peut rien deviner. La dernière rencontre de Silvia et de Dorante risque de les séparer à tout jamais : Dorante veut partir ne sachant lui-même s'il redoute davantage la rivalité de Mario ou la condition de Silvia. Son désespoir prend la forme du dépit, chacun à son tour part ou feint de partir pour être expressément retenu par l'autre. Grâce à l'habileté de Silvia, Dorante offre sa main à celle qu'il croit suivante **(scène VIII).** Mais, devant M. Orgon, Lisette et Arlequin, Dorante reçoit sa récompense : Silvia se dévoile enfin.

SOURCES ET GENÈSE DU « JEU DE L'AMOUR ET DU HASARD »

Un valet déguisé en maître pour courtiser une jeune fille de la bourgeoisie, c'est déjà la situation des *Précieuses ridicules* (1659) : Mascarille y séduit deux précieuses assez naïves, en singeant le bel esprit et le galant homme. Mais Mascarille sait toujours qu'il joue

— assez grossièrement —, alors que pour Arlequin le jeu se prend au sérieux. Dans des œuvres plus proches de Marivaux, nous trouvons des situations qui annoncent *le Jeu,* sans qu'il s'agisse de sources proprement dites.

Ainsi, on trouve déjà un travestissement d'Arlequin dans une pièce d'Orneval, jouée en 1667 par les comédiens-italiens : *Arlequin gentilhomme supposé et duelliste malgré lui.* Dans *Crispin rival de son maître* (1707), de Lesage, un mauvais plaisant fait sa cour de façon ridicule. On peut citer aussi des exemples d'Arlequin en bonne fortune dans *l'Homme à bonnes fortunes* (1690) et *les Chinois* (1692), de Regnard.

En 1711, *l'Épreuve réciproque*, de Legrand, montre le double travestissement d'un valet et d'une suivante en personnes de condition, sur l'ordre de leur maître et de leur maîtresse, qui cherchent ainsi chacun à mettre à l'épreuve le cœur de l'autre. Mais les valets tâchent d'opérer à leur profit; ils réussissent d'ailleurs à se faire aimer des maîtres, qui ne se ressemblent que par leur égale infidélité. *Le Galant coureur,* du même auteur (1722), met en scène des maîtres déguisés en domestiques : une jeune femme prend l'initiative du déguisement grâce auquel elle étudiera un certain marquis qu'elle doit épouser; le marquis s'est travesti de son côté en valet de pied ou « coureur ». Legrand ne met en présence comtesse et marquis ainsi travestis qu'en un seul tête-à-tête. Le quiproquo donne lieu à des scènes amusantes, et non à un combat intérieur ou à des problèmes psychologiques. Cependant, comme dans *le Jeu de l'amour et du hasard,* la comtesse est prévenue la première du double déguisement et cherche à se faire aimer sans dévoiler son identité. Si, dans ces œuvres, la situation des personnages annonce l'intrigue du *Jeu,* ce sont des comédies plus récentes qui, par leur analyse psychologique plus nuancée, nous rapprochent vraiment de Marivaux. *Les Effets du dépit* (1727), comédie due, peut-être, aussi à Legrand, montre une comtesse qui hésite, comme Silvia, devant l'amour, et dont le mariage avec Dorante est l'œuvre des valets Scapin et Colombine. Dans *le Portrait* (1727), de Beauchamps, joué par les Italiens, l'héroïne, Silvia, craignant elle aussi l'amour, change de rôle avec sa suivante Colombine pour dégoûter son prétendu. Mais celui-ci est averti, et Silvia devient jalouse quand l'amoureux s'éloigne. Le rôle de Silvia y annonce par son caractère celui qu'elle jouera dans *le Jeu de l'amour et du hasard* : toutefois l'intrigue y est développée très différemment, puisque aucun personnage ne s'abuse sur le compte de l'autre. Le rapprochement est plus frappant avec *les Amants déguisés* (1728), d'Aunillon. Une comtesse et un chevalier ont échangé leur condition avec leurs domestiques; la situation est exactement semblable à celle du *Jeu.* La comtesse, amoureuse de celui qu'elle prend pour un domestique, connaît l'inquiétude qu'éprouve Silvia devant Bourguignon. Aunillon développe ce sentiment de façon beaucoup plus explicite que Marivaux; on peut comparer au monologue où Silvia cherche à se cacher une vérité qu'elle entrevoit seulement (acte II, scène VIII) le monologue de la comtesse des *Amants déguisés* (acte II, scène VII) : « Quel parti prendre dans une conjoncture si délicate, où il ne va pas moins du malheur de ma vie, ou de la perte de ma fortune [...]. Hélas! pour ce qui se passe dans mon cœur, je dois me le cacher à moi-même, et l'en arracher si je puis. Ciel! que ne m'est-il permis d'aimer l'esprit et le mérite dénués des avantages de la fortune, et pourquoi faut-il que la folie des hommes ait attaché la noblesse au hasard de la fortune et qu'elle n'en ait pas fait l'apanage de la vertu? »

Ainsi, *le Jeu de l'amour et du hasard* se présente comme l'aboutissement d'une assez longue tradition de la comédie d'intrigue. Mais les caractères, les thèmes et les situations dépendaient aussi, du moins en partie, des habitudes que la troupe italienne conservait dans son théâtre et dont devaient tenir compte les auteurs qui lui confiaient leurs pièces. Les comédiens-italiens fournissaient à Marivaux, nous l'avons vu, certaines données : des thèmes, comme les discussions sur le mariage; des personnages et leur nom, comme Silvia, babillarde et enjouée; Mario, amoureux jaloux; Arlequin, avec son costume losangé, sa batte et son masque, ses lazzi et sa fausse préciosité, ses dons d'imitation. A l'intérieur de l'œuvre théâtrale de Marivaux, de 1720 à 1730, nous pouvons suivre le cheminement de certains thèmes jusqu'au *Jeu* : dans *la Double Inconstance* (1723), un prince se déguise en officier du palais pour se faire aimer pour lui-même (afin de surmonter l'obstacle créé par la distance qu'il y aurait entre Silvia et lui). Deux princes se travestissent dans *le Prince travesti* (1724), dans l'intention de mieux connaître la princesse qu'ils aiment. Le procédé dans *la Fausse Suivante* (1724) est beaucoup moins délicat : une jeune fille se déguise en cavalier tout en se faisant passer auprès d'un valet pour une suivante, afin de détacher un certain Lélio de son inclination pour la comtesse, dont elle se fait aimer sous son déguisement masculin, et aussi, dit-elle, afin de mieux connaître Lélio et de « savoir à qui elle donne sa main et son cœur ». Enfin, dans *le Dénouement imprévu* (1724), un jeune homme se fait passer pour un de ses propres amis auprès de celle qu'il aime, afin de découvrir les sentiments de la jeune fille à son égard. Il ne se fait connaître qu'une fois sûr d'être aimé pour lui-même. Quant à la situation des valets occupant la place de leurs maîtres, on la trouve aussi dans *l'Ile des esclaves* (1725); le thème en est développé dans une intention différente : les valets, trop longtemps opprimés et abaissés, se révoltent contre leurs maîtres, à qui est imposé le rôle nouveau de valets.

Le thème du déguisement apparaît donc comme essentiel à l'œuvre dramatique de Marivaux : « Comment n'être point frappé par la fréquence et le rôle capital du déguisement dans ce théâtre? Quand le héros n'y prend pas un habit ou un nom étranger, il y joue un rôle, consciemment ou non. Il y soutient une attitude, celle de l'indifférence ou du mépris, celle de la légèreté, celle de la caste, parfois celle de l'amour [...]. Presque toutes les pièces de Marivaux nous montrent un déguisement, soit qu'un état civil s'y dérobe, soit plus souvent un cœur. C'est là le fondement de leur action et de leur intérêt; en chacune d'elles, l'auteur n'a de cesse qu'il n'ait contraint le masque à tomber, et révélé, sous l'apparence, la vérité de l'homme[1]. »

L'ACTION DANS « LE JEU DE L'AMOUR ET DU HASARD »

La complexité de l'action dans le *Jeu* naît de sa simplicité même : Marivaux met en scène des personnages peu nombreux et sans problème. Les héros n'ont pas à lutter contre le destin, qui leur est favorable; « nulle opposition chez eux entre ce qu'ils sont et ce qu'ils voudraient être. Ils ne se trouvent pas desservis par leur figure et n'ont pas à lutter contre elle. Ils ont le destin de leur cœur[2] ». Dorante et Silvia se répondent comme Lisette et Arlequin : ils sont faits pour s'aimer. Les deux comparses, M. Orgon et Mario, sont favorables aux protagonistes : les vices des pères, les manies des mères, les préjugés du milieu familial, si défavorables aux jeunes amoureux de la comédie traditionnelle, n'existent pas ici. A aucun moment ne se dresse un obstacle extérieur contre lequel un des héros ait à lutter. Le double travestissement est un obstacle que les héros ont dressé entre eux, et chacun de son plein gré. Et tout le déroulement de l'œuvre repose sur le franchissement de cet obstacle, voulu par les personnages. De ce double travestissement, Marivaux refuse certaines conséquences romanesques ou comiques; l'intrigue ne donne pratiquement lieu à aucun de ces quiproquos si fréquents dans la comédie italienne ou espagnole, et qui auraient pu ici offrir les plus belles ressources aux amateurs d'imbroglio. Certaines rencontres, inutiles à l'action principale, sont éludées : Arlequin et Silvia ne se trouvent jamais seuls en présence l'un de l'autre; il est vrai que les rares instants où Silvia entrevoit Arlequin (acte premier, scène VIII, et acte II, scène VI) suffisent à lui enlever toute envie de le revoir. Quant à Dorante et à Lisette, ils ne se rencontrent jamais : pourquoi Dorante souhaiterait-il d'ailleurs s'entretenir avec celle qu'il croit lui être destinée, puisqu'il est dès l'abord subjugué par Silvia? Ainsi se trouvent évitées des scènes qui auraient alourdi l'action, introduit des dissonances et prêté à des équivoques d'un goût douteux par l'inégalité de l'esprit et de la sensibilité qu'il y aurait eu entre les partenaires. En fait, Marivaux a développé seulement les rencontres de personnages en situations

1. Marcel Arland, Préface du *Théâtre de Marivaux*, édition de la Pléiade, p. 33; 2. Marcel Arland, *id.*, p. 49.

égales : celles des deux maîtres et des deux valets, l'intérêt d'intrigue de la double ignorance allant de pair avec l'intérêt psychologique de la double découverte que les héros font l'un de l'autre. L'œuvre se déroule comme un ballet avec tous les jeux de symétrie, d'écho ou de parodie que permet l'aventure parallèle des deux couples. Entre les rencontres de Silvia et de Dorante (acte premier, scène VII; acte II, scènes IX et XII; acte III, scène VIII) s'insèrent celles de Lisette et d'Arlequin (actes II, scène III et V; acte III, scène VI). A la galanterie noble, succède la parodie burlesque; la hâte des valets enthousiastes répond aux progrès pleins de réticence et de retenue des maîtres.

Les données du double travestissement étant, dès le début, clairement révélées au spectateur (acte premier, scènes II et IV), Marivaux intercale dans ce jeu, dont le public est complice, des scènes destinées à faire de temps en temps le point sur les événements ou sur l'évolution des sentiments éprouvés par les personnages : les duos des maîtres et des valets sont régulièrement interrompus par des entretiens de Silvia avec M. Orgon et Mario (acte II, scènes XI et XIII; acte III, scène IV), de Lisette avec Silvia ou avec M. Orgon (acte II, scène première et scène VII; acte III, scène V), de Dorante avec Arlequin (acte premier, scène IX; acte II, scène IV; acte III, scène première).

Ainsi, le mécanisme de la comédie qui se joue à l'intérieur de la comédie à l'insu même de ses acteurs (Dorante, Silvia, Lisette, Arlequin) se trouve constamment réglé et contrôlé avec la connivence du spectateur. A l'acte II, Marivaux suspend l'aveu réciproque que les valets sont bien prêts de se faire sur leur condition pour hâter l'aveu de Dorante à Silvia. Les interventions de Lisette (scène VIII), inconsciente du rôle qu'on lui fait jouer, celles de M. Orgon et de Mario (scène X), habilement calculées, vont créer chez Silvia et chez Dorante les conditions nécessaires pour que celui-ci révèle son secret. Tout pourrait se terminer alors, mais l'art de Marivaux, dans *le Jeu de l'amour et du hasard,* est précisément de retarder un dénouement dont tout le monde est sûr depuis le premier acte. Le personnage de Mario, tenu en réserve depuis le début de l'action, va jouer son rôle. Au troisième acte, la jalousie fictive de Mario, souhaitée par Silvia, est le moyen dramatique destiné à provoquer le dénouement : cette péripétie crée une situation nouvelle, sans qu'on puisse la considérer cependant comme une action secondaire. Elle va permettre de décomposer en plusieurs moments la solution du double déguisement : Silvia est déjà sortie du jeu, Arlequin et Lisette en sortent à leur tour (scène VI), et c'est pour Arlequin une occasion (scène VII) de profiter de sa supériorité sur le malheureux Dorante, le dernier à rester prisonnier de sa gageure et qui n'en sortira qu'aux conditions imposées par Silvia. Aux inquiétudes endurées par Silvia à l'acte II répondent les angoisses de Dorante à l'acte III : c'est donc sur une symétrie qu'est construite l'architecture des deux derniers actes. Aussi, dans cette pièce aux données si complexes, toute l'action se règle selon un parfait équilibre. L'artifice y est visible, mais on ne saurait parler d'invraisemblance, puisque tous les personnages sont décidés à se donner la comédie, à la seule différence que certains d'entre eux, jusqu'à un moment donné, y jouent un rôle qu'ils n'avaient pas prévu; car la malice du hasard a voulu que Dorante et Silvia aient eu chacun de leur côté la même idée. On ne s'étonne donc pas que l'entrée et l'intervention des différents personnages aient toujours lieu au moment où elles doivent se produire : bien plus, le spectateur, complice de M. Orgon et de Mario, serait surpris de ne pas voir se succéder les événements dans l'ordre où il les attend; la surprise n'est pas pour lui, mais pour Dorante et Silvia. Le jeu des sentiments devient le véritable soutien de l'intérêt dramatique; il importe peu que Dorante et Silvia jouent si mal leur rôle de domestiques; en fait, jamais le spectateur ne se demande comment ils peuvent s'abuser sur leur véritable identité; ils sont trop tournés vers eux-mêmes et pris par le combat que la raison livre à leurs sentiments naissants pour soupçonner une situation qui ne serait que la réplique de la leur. Ils n'y pensent pas, et le spectateur non plus.

LES CARACTÈRES

Dorante est le héros traditionnel : d'une excellente famille, sans doute provinciale, il est riche, bien fait et bien tourné (acte premier, scène première, ligne 37; acte II, scène I, ligne 59; acte III, scène VIII, lignes 91-95). Son habitude du monde, son aisance, sa galanterie, son esprit font de lui un « honnête homme », que l'aventure et les souffrances qu'elle lui fait connaître en retour préservent toutefois de tomber dans la fadeur. A l'élégance de ses manières, répond celle de sa conscience; si le procédé du déguisement est contestable à l'égard de Silvia, Marivaux prend grand soin d'excuser Dorante par la confidence qu'il en fait à son père, et par le but qui le justifie : le mariage d'amour, issu d'un choix personnel, est l'exigence d'une sensibilité raffinée et d'une âme délicate, à qui ne convient pas le mariage de convenance arrangé par les parents. Par ailleurs, des scrupules arrêtent Dorante à tout instant : son projet est d'étudier la maîtresse, mais il ne désire pas entraîner la suivante dans une comédie qu'il lui jouerait de toutes pièces; d'où ses réticences lorsque Mario l'invite à plus de familiarité avec la pseudo-Lisette. Quand il lui fait la cour par la suite, Dorante est sincère, et ses paroles ne dépassent jamais sa pensée; ses souffrances prouvent qu'il est lui-même sa première victime (acte II, scène IX, lignes 26-96). Le premier, par honnêteté tant pour la pseudo-Silvia que surtout pour la pseudo-Lisette, il se démasque. Ce qui nous semble une limite à la noblesse de son âme est, en fait, la dimension historique du personnage : Dorante ne peut ni « chagriner son père » ni « trahir » sa fortune et sa naissance (acte III, scène IV, lignes 53-54) pour la pseudo-Lisette; l'offre finale de l'épouser pour ce qu'elle est prouve plus la force de sa passion qu'une volonté délibérée de vaincre les préjugés de sa caste. Et son soulagement est visible de découvrir en Silvia la fille de M. Orgon. Si les souffrances de son amour-propre meurtri et de son amour sans espoir donnent à Dorante une présence scénique touchante et vivante, c'est qu'un tel caractère, étranger par essence à la souffrance, est pourtant doué d'une grande sensibilité.

Silvia, par sa naissance, son éducation, son langage, ses goûts, ses aspirations, répond très exactement à Dorante. Mais, femme, elle est plus coquette, et son travestissement trouve des motifs plus subtils que celui de Dorante; il s'agit, au point de départ, d'étudier Dorante pour l'accepter ou le refuser librement, mais très vite (acte premier, scène V) s'insinue dans son esprit le désir de le séduire avec son tablier de servante; le désir de l'étudier devient secondaire. Inversement, ce déguisement la gêne plus que Dorante, lorsqu'elle se voit traitée en servante par Arlequin (acte II, scène VI), ou qu'elle croit les rôles renversés entre Lisette et elle (acte II, scènes VII et VIII). Plus encore que Dorante, elle est troublée quand elle prend conscience de sa situation; elle devient capricieuse, perd le contrôle d'elle-même. L'épreuve réelle, bien différente de celle qu'elle avait choisie, et qu'elle subit presque malgré elle, semble souvent dépasser ses forces. Mais, plus fine, plus coquette, elle prolonge le déguisement au-delà du nécessaire pour rendre sa victoire plus complète. Ce qui excuse en quelque sorte Silvia, c'est sa jeunesse, avec ses sautes d'humeur, de l'optimisme (acte premier, scène V; acte III, scène IV) et de la confiance en elle au désespoir et au découragement (acte II, scène XI). Jeunesse encore que son esprit romanesque : faire un mariage d'amour est un rêve romanesque en 1730; de plus, les moyens employés séduisent Silvia autant que le but qu'elle recherche : son aventure est « unique », « singulière », « extraordinaire » (acte II, scène XIII; acte III, scène IV), et cela ravit son imagination. Silvia veut forger son destin, non pour être libre (elle l'est peu en fait, car elle est prisonnière de sa naissance et de son éducation), mais pour créer quelque chose, créer son histoire comme un roman d'aventure. Le raffinement, la délicatesse de son esprit la rendent sensible à l'esthétique de son destin. Aux prises avec l'instant présent, Silvia, à la différence de Dorante, cherche un appui dans l'avenir, et voit avec recul la situation qui se crée au même moment (acte II, scène IX; acte III, scène IV). Aussi Silvia est-elle capable de jouer vraiment un rôle, mais encore faut-il qu'elle soit sûre de son bonheur pour être assez maîtresse d'elle-même : psychologiquement favorisée lorsque Dorante lui a révélé sa condition, elle se livre à des agaceries, des manœuvres et des feintes qui prouvent l'emprise possible de sa volonté et de son esprit sur son comportement. C'est une héroïne délicieusement romanesque, chez qui l'esprit — hérité du souvenir des Précieuses — répond à l'exaltation des sentiments et à la recherche avouée du bonheur, trait du XVIIIe siècle.

Lisette, par son caractère comme par son rôle, se définit tantôt comme une réplique de Silvia, tantôt comme son contraire. Face à sa maîtresse, elle s'oppose à elle : ses goûts la portent vers des réalités plus sensibles; elle préfère le corps à l'esprit; par ailleurs, elle a, plus nettement que sa maîtresse, conscience de ses désirs en amour. Seule, et dans le rôle de celle-ci, elle imite la préciosité des jeunes filles de condition : elle se prête facilement à l'entretien galant dont elle connaît le style (métaphores, comparaisons) et les manières (la retenue, la pudeur). Quand Lisette ne « joue » pas, elle laisse libre cours à sa simplicité, à sa spontanéité. Marivaux l'a dotée des qualités populaires d'honnêteté et de bon cœur des servantes traditionnelles, de leur enjouement et de leur ton légèrement autoritaire. Mais elle est romanesque à son tour et rêve d'un mari bien fait, d'ascension sociale : grâce au jeu, elle croit voir sa « fortune faite » (acte II, scène première). Elle accepte avec bon sens et bonne humeur d'épouser Arlequin, qui n'a plus pour la séduire que des manières endiablées et des paroles bouffonnes, et qui ne la satisfait peut-être pas entièrement. Personnage sans naïveté, elle se soumet au destin de sa condition, qu'elle domine par l'intelligence. Le personnage de Lisette représente donc une fusion de son modèle italien — la servante fine et gaie qu'elle demeure dans *le Jeu* — et de son modèle français — la suivante intrigante, en tout cas délurée —, que Marivaux a passablement assagie.

Arlequin est un rôle, un emploi, bien plus qu'un caractère. Il est par nature doué pour l'imitation, la parodie; c'est un personnage de fantaisie, qui apporte avec lui son costume et son style concret, imagé, burlesque et précieux, sa vivacité de manières et de langage. Comme valet, il peut se permettre d'être pince-sans-rire. C'est le seul personnage du *Jeu* à faire des mots d'esprit. Mais ces traits sont aussi ceux d'un valet populaire, qui se réfère, pour exprimer son amour, aux réalités de la table et de la boisson ou de l'argent. Il ne perd jamais de vue ses véritables intérêts : ainsi, dès son arrivée chez M. Orgon, il cherche la soubrette tout en jouant son rôle de pseudo-maître (acte premier, scène VIII); il est arriviste à l'occasion, légèrement impertinent quand il le peut (acte III, scène première; acte III, scène VII), mais — moins évolué que Lisette — plus heureux de son sort, qu'il accepte sans regret. La présence d'Arlequin fait pénétrer dans la comédie bourgeoise la fantaisie de la commedia dell'arte. Encore fallait-il qu'elle ne créât pas de dissonance. Ainsi s'explique qu'au moment de l'échange des identités Dorante ne prenne pas le nom d'Arlequin, mais celui, bien plus « français », de Bourguignon. Pourtant, le rôle d'Arlequin n'est pas tellement marqué d'italianisme; quand *le Jeu* a été repris à la Comédie-Française, ce personnage a d'abord reçu celui de Pasquin. Il est alors vêtu d'un costume à la française, correspondant à son rôle, alors que chez les comédiens-italiens il portait sous l'habit son costume losangé.

M. Orgon incarne les qualités du père idéal selon le cœur de Marivaux, et il ressemble aux pères de *la Joie imprévue* et du *Préjugé vaincu;* mais il semble incarner aussi un certain optimisme caractéristique du début du XVIIIe siècle : il est généreux, plus indulgent que vraiment respectueux de la liberté d'autrui. En effet, il voudrait interrompre le jeu par pitié pour Dorante (acte III, scène IV), alors que Dorante ne s'est encore révélé qu'à Silvia, ou, au contraire, oblige Silvia à le continuer (acte II, scène XI), alors qu'elle en avait eu l'initiative, parce qu'il sait mieux qu'elle ce qu'il signifie. C'est un personnage souriant, plein de bonhomie et parfois un peu sentencieux (« Va! dans ce monde, il faut être un peu trop bon pour l'être assez », acte I, scène II). Sa présence sur scène se justifie surtout par son rôle intermédiaire entre les acteurs et le public; il est le complice de tous. Son rôle est d'aider les héros dans le dessein qu'ils se sont proposé et de les faire s'expliquer en leur faisant prendre conscience de ce qu'ils éprouvent.

Mario, qui n'est guère dans les deux premiers actes que le comparse de M. Orgon, se distingue de celui-ci à l'acte III par ses taquineries à l'égard de sa sœur, ses plaisanteries à l'égard de Dorante. La rivalité imaginaire qu'il invente, par gentillesse pour sa sœur, à laquelle il veut venir en aide, correspond à son emploi chez les comédiens-italiens, où il est, en principe, le second amoureux, ou amoureux jaloux.

Les personnages du *Jeu* constituent une société d'honnêtes gens. Marivaux, bien qu'il ait montré, surtout dans ses romans, des ambitieux, des intrigants et des coquettes, s'écarte de la tendance qui avait prévalu de 1680 à 1730 dans la comédie et qu'Antoine Adam dépeint ainsi : « Les vieilles servantes ont disparu. Elles sont remplacées par la soubrette vive, charmante. Il est rare aussi que dans une comédie apparaisse du moins une figure d'honnête homme qui ne soit pas un niais. Dans la plupart d'entre elles, nous ne voyons que des coquins ou des débauchés[1]. » *Le Jeu de l'amour et du hasard,* qui montre des problèmes sociaux sans être une comédie de mœurs, semble, par contre, répondre assez bien à ce jugement que Marivaux portait sur sa création : « Il ne m'est jamais venu dans l'esprit ni rien de malin ni rien de trop libre. Je

1. Antoine Adam, « Ouvertures sur le XVIIIe siècle » dans l'*Histoire de la littérature*, N. R. F., la Pléiade, tome III, p. 543.

hais tout ce qui s'écarte des bonnes mœurs. Je suis né le plus humain de tous les hommes, et ce caractère a toujours présidé sur toutes mes idées. »

LES THÈMES DU « JEU DE L'AMOUR ET DU HASARD »

Parmi les thèmes favoris des comédiens-italiens figure la discussion sur le mariage. Le thème n'est sans doute pas nouveau, les jeunes filles de Molière revendiquaient déjà un mari de leur choix, mais leurs prétentions auraient eu peu de poids si elles n'avaient été solidement défendues par les Dorine et les Nicole. Chez Marivaux, ce sont les jeunes filles ou les jeunes femmes qui formulent cette revendication. Mariage d'amour, libre choix d'un époux, alliance des convenances et du sentiment, du mariage et du romanesque : Silvia définit cet idéal avec une verve brillante (acte premier, scène première). Marivaux l'illustre par les jeux du travestissement, qui crée pour chaque héros une aventure personnelle, difficile et dangereuse, avant de le ramener, pour finir, à la bonne et sage décision des pères. Mais l'aventure permet à Dorante et à Silvia de se connaître — non pas tant l'un l'autre que soi-même. Cette expérience, unique, leur révèle d'une part leur accord profond avec leur condition sociale : ils ne changent ni de pensée ni de langage, mais seulement de nom et de costume; ils sont d'autre part sensibles à toute la noblesse qui se révèle chez un faux valet et une fausse suivante, mais aussi à la puissance du sentiment. Car il y a bien « surprise » de l'amour chez Silvia qui écoute, malgré elle, un valet (acte premier, scène VII; acte II, scène IX), et qui a juste assez de lucidité pour se dire que si elle l'aimait, elle n'en saurait rien elle-même, et doit s'avouer, lorsqu'elle est enfin rassurée : « Allons, j'avais grand besoin que ce fût là Dorante » (acte II, scène XII). La puissance du trouble intérieur causé par le sentiment n'est limitée que par la force du préjugé social : il faut à Dorante un acte entier pour se décider à épouser une servante — alors qu'elle n'en a que le nom. L'éternelle surprise de l'amour des héros de Marivaux s'enrichit donc dans *le Jeu* d'une dimension nouvelle. Quand Dorante est « étourdi » par cette aventure, qu'il ne sait plus où il en est, il n'a pas seulement la révélation d'un nouveau mode d'être, mais d'une impulsion inquiétante qui le fait se renier. La force des préjugés prouve celle de l'amour, et réciproquement. D'autres héros de Marivaux contractent réellement une « mésalliance » : ainsi le prince de *la Double Inconstance,* Araminte dans *les Fausses Confidences,* Lucidor dans *l'Épreuve,* Angélique dans *le Préjugé vaincu.* Mais *le Jeu* doit être féerie et fantaisie, et les idées y sont plus audacieuses que les faits, et les apparences, plus que les réalités.

En revanche, Marivaux n'a pas choisi de mettre en lumière, comme dans *l'Ile des esclaves,* les problèmes sociaux que pouvait entraîner l'échange de conditions entre maîtres et valets. Car, dans *le Jeu,* la vraisemblance exige que les valets puissent être pris pour leurs maîtres : Lisette est une amie pour Silvia, elle peut passer pour la maîtresse aux yeux d'un étranger. Les intérêts de Silvia l'emportent sur les siens sans qu'il y ait rivalité : Lisette ne veut pas d'un bonheur usurpé à Silvia (acte II, scène première). Il n'y a donc pas de vraie rivalité entre les deux jeunes filles, mais simplement heurt de personnalités, lorsque Silvia, trop préoccupée de son aventure, froisse l'amour-propre de Lisette, dont elle n'a pas deviné l'amour pour Bourguignon (acte II, scène VII). Arlequin, malgré son ton burlesque, reste de bonne compagnie; la revanche qu'il prend sur son maître (acte III, scène VII) est une revanche fictive, un luxe de mots que la réalité démentira bientôt, il le sait. Donc rien d'amer, rien de jaloux chez ces valets qui se prêtent facilement au jeu et aux caprices de leurs maîtres. Il serait plus facile de relever chez les maîtres des mouvements d'humeur envers leurs valets (acte II, scènes IV, VII et VIII; acte III, scène première); mais il faut bien que le trouble des héros se traduise dans leur comportement avec les « autres ».

Le Jeu, comme tant d'autres pièces de Marivaux, nous donne l'image d'une certaine société de son temps : d'une bonne compagnie, où l'amour est le principal souci, la principale aventure et la conversation, l'occupation la plus sérieuse — après les questions d'argent, bien sûr, mais les héros de Marivaux le savent bien. « Marivaux est homme de salons; salons d'un temps où le talent courait les rues, où le talent courait les ruelles [...]. Avoir de l'esprit était moins un mérite qu'un état et davantage une habitude qu'un titre[1]. »

LE MARIVAUDAGE ET LE STYLE

Le Jeu de l'amour et du hasard n'appartient donc ni à la comédie de mœurs, qui remplace au XVIIIe siècle la comédie de caractère, ni à la comédie d'intrigue. Marivaux est le créateur d'un genre que l'on a appelé la « comédie de sentiment » ou « comédie d'amour ».

La comédie ne se définit pas comme une vision comique de l'homme ou comme la recherche de situations ou de notes comiques. Il y a bien des moments comiques — liés à la présence d'Arlequin sur la scène — où la mimique et les paroles font rire le spectateur : de telles scènes, qui se placent entre des scènes pathétiques ou tendres, ou romanesques, sont non pas des moments de détente, mais des moments de fantaisie — aspect inhérent au travestissement.

L'atmosphère de l'œuvre, c'est d'abord sa légèreté : parti pris non dramatique, fantaisie et romanesque des caractères, finesse de l'analyse dans la peinture des sentiments.

1. Claude Roy, *Lire Marivaux.*

Dans une œuvre peu chargée d'événements, où les personnages sont peu différenciés et gardent une grande part de convention théâtrale, l'action réside dans la conversation, et le style est la partie la plus originale de l'œuvre.

La chose à exprimer et les moyens d'expression coïncident parfaitement dans *le Jeu*. Les prémices de l'amour, le jeu de l'amour-propre et de l'amour, chez les personnages parfaitement policés et accoutumés aux finesses de la conversation de salon, s'expriment tout naturellement par le style un peu précieux et très nuancé de Marivaux : c'est l'ensemble inséparable du fond et de la forme qui a reçu, du vivant de Marivaux, le nom de « marivaudage », terme qui a longtemps impliqué la critique de « badinage à froid », « chicanes de cœur » (Sainte-Beuve) ou de « mélange le plus bizarre de métaphysique subtile et de locutions triviales, de sentiments alambiqués et de dictons populaires » (La Harpe). Si l'on excepte le langage volontairement burlesque et plaisant des valets, le dialogue des « honnêtes gens » permet d'expliquer ces jugements : dans *le Jeu*, en particulier, les situations sont en porte à faux, les paroles semblent donc plus importantes que les actes ou les faits réels. Et la conversation est en effet la trame de l'action dans *le Jeu;* mais, de même que l'aventure psychologique est une aventure réelle, de même chaque mot porte; le jeu du dialogue engage réellement les sentiments des personnages : ils ne jouent pas avec les mots, ils jouent le sort de leur cœur. Un personnage s'analyse rarement, parfois il parle de lui-même, le plus souvent interroge son partenaire et l'écoute : et ils se répondent mot pour mot, répondant sur les mots plus que sur les idées.

Ainsi Dorante et Silvia (**I**, VII, lignes 81-87).

Silvia. — Tu peux te *passer* de me parler d'amour, je pense.

Dorante. — Tu pourrais bien te *passer* de m'en faire sentir, toi.

Silvia. — Ah! je me fâcherai; tu m'impatientes. Encore une fois, *laisse* là ton amour.

Dorante. — *Quitte* donc ta figure.

Ou bien (**I**, VI, lignes 52-59) Dorante, Mario, Silvia.

Mario. — Mons Bourguignon, vous avez *pillé* cette galanterie-là quelque part.

Dorante. — Vous avez raison, monsieur; c'est dans ses yeux que je l'ai *prise*.

Mario. — Tais-toi, c'est encore pis; je te défends d'avoir tant d'esprit.

Silvia. — Il ne l'a pas à vos dépens; et, s'il en *trouve* dans mes yeux, il n'a qu'à *prendre*.

On ne peut dire que l'esprit du dialogue se perde dans les mots, mais chaque thème semble traité de façon exhaustive. Rien n'échappe à ce que Deloffre appelle la « hâte trotte-menu » du dialogue de Marivaux, dans lequel il voit « un badinage non pas libertin, mais grave au fond [...], l'alliance d'une forme de sensibilité et d'une forme d'esprit. Rapprochée de la tendresse chimérique propre aux romans précieux comme de la passion brutale, qui, en fait, a dû en tenir la place, cette notion suppose non seulement un progrès de la sensibilité sur lequel l'essentiel a été dit, mais un affinement du goût auquel les néo-précieux, à la suite des modernes, ont contribué pour leur part ».

RÉPERTOIRE DES TOURNURES LES PLUS FRÉQUENTES

Outre les tournures ou les usages hérités de la tradition classique, certaines habitudes de style semblent traduire davantage le goût de Marivaux à cause de leur fréquence :

- les **mots nouveaux** tout d'abord : *hétéroclite* (**I,** I, ligne 54), *conjoncture* (**II,** VII, ligne 16), *engagements* (**II,** XII, ligne 65);
- l'emploi d'**adjectifs substantivés** (tour très employé par les auteurs précieux);

ou ***singulier abstrait*** pour désigner une idée : *du sérieux, du mélancolique* (**I,** IX, ligne 10, avec intention parodique);

ou ***singulier animé*** pour désigner une personne : *une originale* (**I,** I, ligne 20); *un fantasque* (**I,** I, ligne 87); *une hypocrite* (**II,** III, ligne 36, où le sujet abstrait était déjà personnifié); « ne fais-tu pas l'*hypocrite* » (**III,** II, ligne 13); « me traiter de *ridicule* » (**III,** II, ligne 24); *quel extravagant* (**III,** VII, ligne 25);

- la **personnification** d'une qualité ou d'un aspect d'un être : « une *âme gelée* qui se tient à l'écart » (**I,** II, ligne 8, avec intention burlesque).

« Si mes *charmes* me font ce coup-là, je *les* estimerais » (**I,** V, ligne 9).

« Te défies-tu de ses *charmes?* — Non, mais vous ne vous méfiez pas assez des *miens*, je vous avertis qu'*ils* vont leur train et que je ne vous conseille pas de *les* laisser faire » (**II,** I, lignes 19-22).

« Je ne crains pas ses *soupirs; ils* n'oseront m'aborder » (**I,** V, ligne 10).

« *L'amour* est babillard » (**I,** V, ligne 20).

« Vous ne savez peut-être pas que j'en veux au *cœur* de Lisette, moi qui vous parle. Il est vrai qu'*il* m'*est* cruel » (**I,** VI, lignes 45-46).

« Ma *familiarité* n'*oserait* s'apprivoiser avec toi » (**I,** VII, lignes 18-19).

« Cette *fierté-là* te va à merveille, et quoiqu'*elle* me *fasse* mon procès,... » (**I,** VII, lignes 63-64).

« Votre *humilité* ne *serait* donc qu'une hypocrite » (**II**, III, ligne 35).

« Votre *bonté* m'éblouit et je me prosterne devant *elle* » (**II**, V, lignes 50-51);

● *le passage de mots abstraits* désignant une qualité ou un état, employés habituellement au singulier avec l'article défini, *à la catégorie des mots désignant des réalités numérables*, pouvant être accompagnés de l'article indéfini, au singulier comme au pluriel. Les précieux avaient déjà donné à certains de ces mots un pluriel, pour désigner les manifestations de cette qualité; et ils avaient également créé un singulier — de sens indéfini — correspondant à ce pluriel pour désigner une seule de ces manifestations. Ainsi, on trouve

au pluriel :

« Je vous charge de lui dire mes dégoûts » (**II**, VII, ligne 25).

« Comment donc, des surprises, des conséquences! » (**II**, XI, ligne 82).

« C'est apparemment avec ces petites délicatesses-là que vous attaquez Lisette » (**III**, II, lignes 20-21).

« Je m'épuise en humilités pour cet animal-là » (**III**, VII, ligne 80);

au singulier :

« Quelle sotte naïveté » (**I**, I, ligne 10).

« Une imagination qui est venue à mon fils » (**I**, IV, lignes 12-13).

« Quelle fantaisie il s'est allé mettre dans l'esprit? » (**II**, IX, ligne 28).

« Tu me parles encore de cette impertinence-là » (**III**, I, lignes 21-22).

« Que voulez-vous que je fasse de cette pensée-là? » (**III**, VIII, lignes 87-88).

« Et vous ne voudriez plus m'ôter cette certitude-là » (**III**, VIII, ligne 126).

« Votre prétendu n'aura plus de cœur à donner à mademoiselle votre fille » (**II**, I, ligne 15).

« Vous ne m'aviez pas dit cet amour-là, Lisette » (**III**, III, ligne 32);

● enfin, au langage précieux, Marivaux emprunte encore certaines *images* et *métaphores*, certains *jeux de mots*, qu'il place, avec intention parodique, dans la bouche des valets :

« Je brûle et je crie au feu » (**II**, V, ligne 10).

« Un amour de votre façon ne reste pas longtemps au berceau » (**II**, III, ligne 8).

« La raison! hélas! je l'ai perdue, vos beaux yeux sont les filous qui me l'ont volée » (**II**, III, lignes 26-27).

LEXIQUE DU *JEU DE L'AMOUR ET DU HASARD*

Les mots suivis d'un astérisque dans le texte de la pièce renvoient exclusivement au « vocabulaire du sentiment ».

LE VOCABULAIRE DU SENTIMENT

On trouve dans le Jeu de l'amour et du hasard *un certain nombre de mots à signification générale et vague, destinés à définir les sentiments des personnages, ou à laisser deviner la nuance du sentiment sans l'exprimer précisément. Parmi ceux-ci, on peut noter :* aimer *(cité 25 fois),* amour *(cité 12 fois),* cœur *(cité 25 fois),* raison (*cité 6 fois, opposé à* cœur *ou à* amour) *et* sentiments *(cité 3 fois).*

I. LES NUANCES DU SENTIMENT

Adorer : Terme plus fort qu'*aimer,* II, I, ligne 31 (Lisette à M. Orgon au sujet d'Arlequin) ; III, I, ligne 24 (Arlequin à Dorante au sujet de Lisette) ; III, VIII, lignes 85 et 109 (Dorante à Silvia).

Adorée : II, I, ligne 34 (Lisette à M. Orgon).

Emporter : Enthousiasmer, transporter hors de soi, I, VII, ligne 108.

Emportements : Transports de colère, II, XI, ligne 71 : « L'emportement n'exprime proprement qu'un mouvement extérieur qui éclate et qui fait beaucoup de bruit, mais qui passe promptement » (abbé Girard, *Dictionnaire des synonymes,* 1718).

Étourdir : Faire perdre la raison, le sentiment, I, IX, ligne 13 : « cette aventure-ci m'étourdit » (Dorante) ; I, V, ligne 8 (Silvia).

Fureurs : Égarement d'esprit, folie, II, XI, ligne 71.

Goût : Faculté de discerner ce qui est agréable, II, XII, ligne 53. Inclination, le plus souvent passagère, pour les personnes, et empressement à les rechercher, I, IV, ligne 42 ; III, II, lignes 15, 16 et 29. *N'être pas dans le goût de :* ne pas avoir envie de, II, VII, ligne 18.

Inclination : Penchant, III, II, ligne 25 : « mon inclination pour elle » (Dorante à Mario au sujet de Silvia) ; III, III, ligne 19 : « Avez-vous de l'inclination pour monsieur ? » (Dorante à Silvia au sujet de Mario) ; II, XI, ligne 114 (Mario à Silvia au sujet de ses sentiments à l'égard de Dorante).

Mouvements : « Se dit aussi des différentes impulsions, passions ou affections de l'âme » (*Dictionnaire de l'Académie,* 1694), II, XI, ligne 57, avec valeur concrète soulignée par « agitée » (M. Orgon, en parlant de Silvia). Agitation très forte, incontrôlée, II, XII, ligne 25 : « de grands mouvements » (Dorante à Silvia, en parlant de lui-même).

Passion : Amour violent et sans issue, II, IX, ligne 91 : « Désespère une passion dangereuse » (Dorante à Silvia). Emploi ironique, II, IX, ligne 57.

Penchant : Attirance amoureuse, II, XII, ligne 63 : « Votre penchant pour moi » (Silvia à Dorante). Synonyme de *tendance,* I, VII, ligne 21.

Plaire : I, II, ligne 35 ; I, V, lignes 6 et 18 ; I, VI, ligne 19 ; I, IX, ligne 2 ; II, I, ligne 30. (Sont exclus de cette liste les emplois du verbe au sens le plus général.)

Tendresse : Passion forte et prolongée (terme beaucoup plus fort qu'*amour*), I, II, ligne 40 : « Un *duo* de tendresse... comme à l'Opéra » ; III, IV, ligne 36 : « l'excès de tendresse » (Silvia à Orgon) ; III, VI, ligne 10 : « ma tendresse » (Lisette à Arlequin) ; III, VI, ligne 41 : « votre tendresse » (Lisette à Arlequin) ; III, VIII, ligne 137 : « votre tendresse » (Dorante à Silvia) ; III, VIII, ligne 124 et III, IX, ligne 16 : « ma tendresse » (Dorante à Silvia).

Transport : Mouvement violent de passion qui met l'homme hors de lui-même, III, VIII, ligne 125 : « Au transport qui m'a pris » (Dorante à Silvia).

II. LA GALANTERIE

Ame : 1° III, VI, ligne 6 : « ma chère âme » (Arlequin à Lisette) ; III, VIII, ligne 111 : « une âme comme la tienne » (Dorante à Silvia). 2° Syn. précieux de *personne,* I, I, ligne 90 : « une âme glacée » ; I, II, ligne 8 : « âme gelée ».

Badin : Léger, sans conséquence, III, II, ligne 33 : « le ton badin » (Dorante au sujet de Silvia) ; I, I, ligne 101 : « conversation la plus badine ». **Badinage**, I, VII, ligne 52 : « trêve de badinage » (Silvia à Dorante).

Badiner : 1° Parler à la légère des choses de l'amour, ou les traiter légèrement, feindre d'éprouver — ou de ne pas éprouver — de l'amour : II, XIII, ligne 18, « en badinant » (Silvia à Mario sur ses paroles à lui). 2° Se moquer gentiment de, III, II, ligne 12 : « elle en badine » (Dorante au sujet de Silvia) ; III, IV, ligne 28 : « que je badine un peu sur les tiennes [tes expressions] » (Mario à Silvia).

Cajoleries : I, VII, ligne 29 (Silvia à Bourguignon).

Conter (en) : I, II, ligne 73 ; I, VII, ligne 3 ; III, II, ligne 8 (à propos de Dorante à l'égard de Silvia, employé par Silvia puis par Mario).

Douceurs : Propos galants, I, VII, ligne 13 (Silvia à Bourguignon). Cajoleries, gentillesses, III, IV, ligne 24 (Mario à Silvia). La **douceur** est une sorte de consolation, tenant lieu d'un bonheur impossible, II, III, ligne 67. **Doux** (appliqué au mariage), I, I, ligne 40 ; (à la joie de Silvia) III, IV, 19.

Engagement : Attache, liaison d'ordre sentimental, le mariage en particulier, I, IV, ligne 20 (dans la lettre du père de Dorante) ; II, XII, lignes 65 et 72 (dans la bouche de Dorante, puis de Silvia, la première fois pour désigner une union en dehors de Silvia, la seconde pour désigner une union avec elle).

Esprit : I, I, ligne 70 ; I, II, ligne 64 ; I, VI, ligne 57 ; III, II, ligne 13 : « avoir de l'esprit », c'est-à-dire s'exprimer avec finesse, avec préciosité ; II, VII, ligne 44 : « faire briller son bel esprit », qualité d'un homme brillant et galant (Lisette sur Dorante).

Galant : 1° Distingué, de bonne compagnie, I, I, ligne 75 : « galant homme ». 2° Empressé auprès des femmes, et qui cherche à leur plaire, II, XI, lignes 15, 16 et 47 (appliqué à Dorante par M. Orgon, pour taquiner sa fille, repris par elle deux fois).

Galanterie : Qualité de celui qui est empressé auprès des femmes, II, III, ligne 4 (Lisette à Arlequin pour qualifier l'attitude de celui-ci). Douceurs, propos courtois à une femme, I, VI, ligne 53.

Joli : Agréable, galant, II, VII, ligne 46 : « de jolies choses » (Silvia à Lisette à propos de Bourguignon). Plein d'esprit, galant, I, VII, ligne 28 : « le trait est joli » (Silvia, à propos des paroles de Bourguignon). Mais aussi avec un emploi ironique et familier, encore actuel : « un joli personnage », un personnage ridicule (III, III, ligne 23).

III. VOCABULAIRE ISSU DU ROMAN ET DE LA TRAGÉDIE

Aimable : Digne d'être aimé(e); appliqué à une personne (I, I, lignes 37, 45, 66 et 84; I, VII, ligne 111; III, II, ligne 9; III, III, ligne 9) ou à l'union de deux êtres (III, IV, ligne 38). Ce mot a aussi un sens affaibli et semblable au sens actuel : que l'on aime, qui plaît, gentil (I, IV, ligne 25) et de nature à plaire, agréable à écouter (III, VIII, ligne 41, avec valeur ironique).

Amant : Prétendant, I, III, ligne 2 (employé par Mario). I, I, ligne 43 (employé par Lisette).

Appas : II, I, ligne 41 (Lisette à Orgon).

Charmer : Ravir, transporter de bonheur, III, IV, ligne 55; III, VIII, ligne 136 (employé par Silvia). — **Charmé** a aussi le sens moderne de « content » (formule de politesse), I, X, ligne 9; **charmant :** Délicieux, étourdissant, I, IV, ligne 43; III, IV, ligne 47.

Charmes : 1° Appas, beauté du visage et du corps, I, V, ligne 9 (employé par Silvia); II, I, ligne 19 (employé par Lisette); II, XII, ligne 73 (employé par Dorante). 2° Enchantement, envoûtement magique d'une chose (appliqué au mariage), I, I, ligne 11.

Estimable : Digne d'être aimé, III, IV, ligne 53 (Silvia à propos de Dorante). Mais *estime, estimer,* dans un sens général : II, XII, lignes 21 et 22.

Fers : Liens imposés par l'amour; tyrannie exercée par l'amour, III, IV, ligne 50 (employé par Mario).

Généreux : de cœur noble, III, VIII, ligne 115 (Silvia à Dorante). Emploi ironique, III, I, ligne 30.

Générosité : Sympathie désintéressée à l'égard de quelqu'un, II, IX, lignes 35 et 36 (Silvia à Bourguignon); III, VIII, ligne 103 (Silvia à Dorante).

Mérite : Ce qui rend quelqu'un digne d'estime et d'amour, III, VIII, ligne 133 (Dorante à Silvia en parlant d'elle-même); III, VII, ligne 34 (Arlequin à Silvia en parlant de Dorante); III, VIII, ligne 10, « son peu de mérite » (Silvia à Dorante en parlant d'Arlequin). Mais il peut aussi avoir un sens général (syn. de *valeur*), I, VII, ligne 103 : « avoir du mérite »; I, VII, ligne 18 : « homme de mérite ».

Objet : Tout ce qui est la cause, le sujet, le motif d'un sentiment, II, VIII, ligne 7 (employé par Silvia). Personne aimée, d'où aimable, III, VIII, ligne 92.

Sensible : Aisément ému par le sentiment de l'amour; employé : avec un complément, III, II, ligne 61 (par Mario); III, VIII, ligne 69 : « à son amour » (par Dorante); III, VIII, ligne 72 (par Silvia); III, VIII, ligne 93 (par Silvia); III, VIII, ligne 124 : « à ma tendresse » (par Dorante); ou absolument, II, IX, ligne 76.

LE VOCABULAIRE DE LA SOCIÉTÉ

Les personnages sont indiqués par l'initiale de leur nom : Monsieur Orgon (O.); Mario (M.); Silvia (S.); Dorante (D.) et Bourguignon (B.); Lisette (L.); Arlequin (A.).

I. LE RANG SOCIAL

1° LES VALETS.

Domestique. Pris comme nom : *ensemble du personnel d'une maison.* Employé par S. (I, I, ligne 82). — Au pluriel, *les domestiques,* employé par S., dans un contexte dépréciatif (II, VIII, ligne 2). — *Domestique,* adjectif, employé par D. dans un jugement péjoratif (I, VII, ligne 16).

Gens. *Nos gens,* employé par le pseudo-D. (II, VI, ligne 26); *ces gens-là* (= les domestiques), employé par S. (II, VIII, ligne 3), par O. (II, XI, ligne 62); dans les trois cas, contexte dépréciatif.

Valets. Employé par S. dans un jugement péjoratif (I, V, ligne 19). — *Valetaille.* Employé par A. (II, IV, ligne 3).

Chambrière : *femme attachée au service d'une personne et des chambres.* A. à D. en parlant de la fausse L., valeur péjorative (III, VII, ligne 28).

Coiffeuse : L. à A. en parlant d'elle-même (III, VI, lignes 90 et 92).

Fille : *personne attachée au service d'une maison, qu'elle soit femme de chambre, demoiselle de compagnie,* etc. D. à part, en parlant de la fausse L. (I, VII, ligne 5; rapproché de *garçon*). A. en s'adressant à la fausse L. (II, VI, ligne 8).

Femme de chambre. S. à son père en parlant d'elle-même déguisée (I, V, ligne 2). L. en parlant de la fausse Lisette, contexte dépréciatif (II, VI, ligne 4). D. à la fausse L. en parlant d'elle-même (I, VII, ligne 10).

Servante. L. à A. en parlant d'elle-même, avec un jeu de mot (III, VI, ligne 107). [Voir *serviteur.*]

Soubrette : *domestique, généralement attachée au service d'une femme.* 1° Valeur neutre. M. à O. à propos de S. (I, IV, ligne 42); D. à S. en parlant en général (I, VII, ligne 16); A. à S. en parlant d'elle-même (I, VIII, ligne 36); A. à D. en parlant de S. (I, IX, ligne 2). 2° Valeur péjorative. A. à la fausse L. en parlant d'elle-même (II, VI, ligne 7); A. à D. en parlant de la fausse L. (III, VII, ligne 32).

Suivante : *demoiselle de compagnie au service d'une dame ou d'une jeune fille.* Opposé à *maîtresse* (I, IV, ligne 35; II, VII, ligne 5; II, XII, ligne 51). 1° Valeur neutre. O. à M. en parlant de L. (I, IV, ligne 35); D. à la fausse L. en parlant d'elle-même (I, VII, ligne 22); S. en parlant d'elle-même aux yeux de D. (II, XI, ligne 96); D. à S. en parlant d'elle-même (II, XII, ligne 51). 2° Valeur péjorative. S. à D. en parlant d'elle-même (III, VIII, ligne 61).

Crocheteur : *porteur;* inférieur à « domestique ». Un valet à O. en parlant de quelqu'un qui accompagne B. (I, V, ligne 22).

Domestique. Plus général que « valet » (I, V, ligne 21). Désigne B. pour un valet qui parle à O. (I, V, ligne 21); pour S. qui parle à O. (II, XI, lignes 14 et 70, où il est opposé à *maître*).

Garçon : *valet, domestique qui ne porte pas de livrée.* Désigne B. pour M., S., O. et le pseudo-D. et ne désigne que lui. — Quand ils s'adressent à lui, *garçon* est précédé de *mon* (I, VI, lignes 9 et 25; I, VII, ligne 2, où il est employé avec *fille;* I, VII, ligne 68; I, X, ligne 21; II, VII, ligne 47, où il est opposé à *maître;* II, VIII, ligne 9; II, X, ligne 19; II, XI, lignes 11 et 66; III, II, ligne 17; III, VII, ligne 34).

Porte-manteau. A. à B. en parlant de *celui qui porte la valise;* désigne le même personnage que *crocheteur* (I, VIII, ligne 1).

Serviteur. A le sens moderne, mais peut être aussi une formule de politesse (opposé à *maître,* I, X, ligne 8).

1° Uniquement formule de politesse (II, II, lignes 2 et 4). 2° Emplois qui reposent sur le jeu de mots : B. à la pseudo-L. en présence d'O. (I, VI, lignes 30, 31, 32); A. à O. (I, X, ligne 8); et, au féminin, L. à A. (III, VI, ligne 107).

Valet. Mot très fréquent (24 fois). Opposé à *maître* (I, V, ligne 4; II, I, ligne 69, etc.); considéré comme synonyme de *garçon* (II, XI, ligne 58).

1° Désigne B. et toujours en son absence : pour M. (I, V, ligne 4; II, XI, ligne 116); pour O. (I, V, ligne 24; II, I, lignes 56, 64 et 69; II, XI, lignes 58 et 89); pour S. (I, V, lignes 11 et 19; II, VII, lignes 38, 41; II, XI, ligne 83; II, VIII, ligne 5); pour L. (II, III, ligne 37; II, VII, lignes 36 et 60); pour A. (I, VIII, ligne 19). 2° Désigne le rôle de D. dans la lettre de son père (I, IV, ligne 16), un valet en général, auquel S. oppose B. (I, VII, ligne 36). 3° Désigne A. : en son absence, D. à S. (II, XII, lignes 43, 54 et 76); A. se désigne ainsi lui-même en s'adressant à D. (III, I, ligne 25), à L. avec jeu de mots (III, VI, ligne 108).

2° LES MAÎTRES.

Condition. 1° Désigne l'*appartenance à la noblesse* dans les expressions *homme de condition, fille de condition.* 2° Synonyme de *situation sociale :* qu'elle soit *noble,* dans *condition honnête,* dans ce que dit la pseudo-L. à D. en parlant de lui-même (III, VIII, ligne 94); ou *roturière,* dans ce que dit la pseudo-L. à D. en parlant d'elle-même (II, XII, ligne 69). — **Homme de condition.** Pris en général (I, VII, lignes 38 et 53; III, II, ligne 21); désigne D. pour la pseudo-L. (III, VIII, ligne 94). — **Fille de condition.** Pris en général (I, VII, lignes 42 et 46). — **Etre de condition honnête :** *être de condition noble, ou de bonne bourgeoisie, en tout cas honorable.* B. désignant ce qu'il n'est pas pour S. (II, X, ligne 8).

Honnête : *qui mérite l'estime; qui est distingué sous le rapport des manières et des agréments de l'esprit.* En général (I, I, ligne 36). **Honnête homme.** 1° *Homme de condition noble ou aisée.* A. en parlant de son personnage, et opposé à *chambrière* (III, VII, ligne 27). 2° *Homme d'honneur et de probité.* D. en parlant de lui-même (II, XII, ligne 37); D. en parlant d'O. (III, I, ligne 20). **Honnêtes gens** est pris dans le même sens général, et opposé à *riche* (I, VII, ligne 71).

Maître. Opposé à *serviteur,* avec jeu de mots, par A. (I, X, ligne 8), à *valet* par O. (II, I, ligne 69; II, XI, ligne 59), à *garçon* par S. (II, VII, ligne 49), à *suivante* par D. (II, XII, ligne 52).

1° Désigne le pseudo-D. : pour S. (I, VII, lignes 81 et 121; II, VII, ligne 49; II, IX, ligne 13; II, XI, ligne 22); pour D. (I, VII, ligne 99; II, IX, ligne 49); pour O. (II, I, ligne 69; II, X, ligne 28; II, XI, ligne 13); pour M. (II, X, ligne 31). 2° Désigne D. : pour A. (III, I, ligne 1); pour L. (III, VI, ligne 104). 3° Employé en général (sing. ou plur.) par D. à S. (I, VII, ligne 27; II, XII, ligne 10).

Maîtresse 1° Désigne la pseudo-S. : pour M. (I, V, ligne 5); pour D. (I, VII, ligne 95; II, IX, ligne 48; II, XII, lignes 48, 50 et 53; III, II, ligne 4); pour S. (I, VII, ligne 121); pour L. (II, VII, ligne 5). 2° Désigne S. pour L. (II, VII, ligne 8; III, VI, ligne 105).

II. LES MARQUES DES CONDITIONS SOCIALES

1° CONDITION DES VALETS. *Galon de couleur* (III, I, ligne 32); *livrée* (III, II, ligne 64); *avoir une casaque, une souquenille* (III, VII, ligne 15); *descendre à la cave, le martinet à la main* (II, V, lignes 42 et 43).

2° CONDITION DES MAÎTRES. *Riche,* selon D. (I, VII, ligne 71; II, X, ligne 8); *rang, naissance, fortune,* attribués par D. à lui-même (III, VIII, ligne 110); *fortune,* attribué par la fausse L. à D. (III, VIII, ligne 131); *naissance,* ce que n'a pas la pseudo-L., selon D., et opposé à *mérite* (III, VIII, ligne 134); *fortune et naissance,* attribués à D. par S. (III, IV, ligne 54); *avoir de la qualité,* ce que n'a pas L. pour elle-même, avec jeu de mots (II, V, ligne 30).

3° LES RAPPORTS ENTRE LES MAÎTRES ET LES DOMESTIQUES.

Vus par les domestiques. A. : *buffet-table* (III, I, lignes 33-34); *soldat-capitaine* (III, VI, lignes 69 et 74). — B. : j'*appartiens* à (I, VI, ligne 5). — L. à S. : *Si j'étais votre égale* (I, I, ligne 21).

Vus par les maîtres. *Avoir le cœur trop haut.* S. à l'égard de B., selon M. (III, II, ligne 37). — *Distance,* ce qui sépare D. de la pseudo-L. selon S. (I, V, ligne 8; III, VIII, ligne 91); selon D. (II, XII, ligne 61).

PERSONNAGES

MONSIEUR ORGON	vieux gentilhomme.
MARIO	fils de M. Orgon.
SILVIA	sa fille.
DORANTE	amant de Silvia.
LISETTE	femme de chambre de Silvia.
ARLEQUIN	valet de Dorante.

LA SCÈNE EST A PARIS, DANS LA MAISON DE M. ORGON

LE JEU[1] DE L'AMOUR ET DU HASARD

ACTE PREMIER

SCÈNE PREMIÈRE. — SILVIA, LISETTE.

SILVIA. — Mais encore une fois, de quoi vous mêlez-vous? Pourquoi répondre de mes sentiments?

LISETTE. — C'est que j'ai cru que, dans cette occasion-ci, vos sentiments ressembleraient à ceux de tout le monde. Mon-
5 sieur votre père me demande si vous êtes bien aise qu'il vous marie, si vous en avez quelque joie : moi, je lui réponds qu'oui; cela va tout de suite[2], et il n'y a peut-être que vous de fille au monde, pour qui ce *oui*-là ne soit pas vrai; le *non* n'est pas naturel. (1)

10 SILVIA. — Le *non* n'est pas naturel! quelle sotte naïveté[3]! Le mariage aurait donc de grands charmes* pour vous?

LISETTE. — Eh bien, c'est encore *oui*, par exemple!

SILVIA. — Taisez-vous; allez répondre vos impertinences[4] ailleurs, et sachez que ce n'est pas à vous à[5] juger de mon cœur
15 par le vôtre.

LISETTE. — Mon cœur est fait comme celui de tout le monde. De quoi le vôtre s'avise-t-il de n'être fait comme celui de personne?

---

1. *Jeu :* poème dramatique ou pièce de théâtre (langue du Moyen Age et du XVIe siècle); mais il s'agit aussi d'un divertissement, d'un exercice auquel se livrent ici l'amour et le hasard; 2. *Tout de suite :* d'emblée, de soi; 3. *Naïveté :* parole, jugement spontané; 4. *Impertinences :* sottises, sans idée d'insolence; paroles contraires au bon sens ou aux convenances; 5. Vous n'avez pas le droit de juger. Nous dirions aujourd'hui, en ce sens, « ce n'est pas à vous de juger », la tournure « ce n'est pas à vous *à* juger » s'employant au sens de « ce n'est pas à votre tour de juger »; les deux expressions sont considérées comme équivalentes aux XVIIe et XVIIIe siècles.

QUESTIONS

1. Dans quel cadre, dans quel milieu social se déroule la pièce? A quel moment débute le dialogue? A quel événement prépare-t-on le spectateur?

SILVIA. — Je vous dis que, si elle osait, elle m'appellerait
20 une originale[1].

LISETTE. — Si j'étais votre égale, nous verrions.

SILVIA. — Vous travaillez à me fâcher[2], Lisette.

LISETTE. — Ce n'est pas mon dessein. Mais dans le fond voyons, quel mal ai-je fait de dire à monsieur Orgon que vous
25 étiez bien aise d'être mariée?

SILVIA. — Premièrement, c'est que tu n'as pas dit vrai, je ne m'ennuie pas d'être fille.

LISETTE. — Cela est encore[3] tout neuf[4].

SILVIA. — C'est qu'il n'est pas nécessaire que mon père
30 croie me faire tant de plaisir en me mariant, parce que cela le fait agir avec une confiance qui ne servira peut-être de[5] rien.

LISETTE. — Quoi! vous n'épouserez pas celui qu'il vous destine?

SILVIA. — Que sais-je? peut-être ne me conviendra-t-il point,
35 et cela m'inquiète. (**2**)

LISETTE. — On dit que votre futur est un des plus honnêtes[6] du monde, qu'il est bien fait, aimable*, de bonne mine; qu'on ne peut pas avoir plus d'esprit, qu'on ne saurait être d'un meilleur caractère[7]; que voulez-vous de plus? Peut-on se figurer
40 de mariage plus doux*, d'union plus délicieuse[8]?

SILVIA. — Délicieuse! que tu es folle avec tes expressions!

LISETTE. — Ma foi, madame, c'est qu'il est heureux qu'un amant* de cette espèce-là veuille se marier dans les formes; il n'y a presque point de fille, s'il lui faisait la cour, qui ne
45 fût en danger de l'épouser sans cérémonie. Aimable*, bien fait, voilà de quoi vivre pour l'amour[9]; sociable et spirituel, voilà

---

1. *Original :* singulier jusqu'à la bizarrerie; le terme a alors une valeur péjorative; **2.** *Fâcher :* affliger; **3.** *Encore :* jusqu'à présent; **4.** Voilà une chose dont je n'ai pas entendu parler jusqu'à présent; **5.** *De rien :* à rien; **6.** *Honnête :* qui mérite l'estime; qui est distingué sous le rapport des manières et des agréments de l'esprit; **7.** *Caractère :* ce qui distingue au moral une personne d'une autre, nature, naturel; **8.** *Délicieux :* qui procure un bonheur parfait (sens très fort); **9.** Voilà des qualités bonnes pour nourrir les sentiments de l'amour.

QUESTIONS

2. Quel est le problème que se pose Silvia? Quel sujet précis justifie ses protestations générales contre le mariage? — La situation de Silvia n'est-elle pas traditionnelle dans la comédie? Comment Marivaux donne-t-il cependant à son personnage une certaine singularité? Les premiers traits de caractère de Silvia d'après ce début.

pour l'entretien de la société[1]. Pardi! tout en[2] sera bon, dans cet homme-là; l'utile et l'agréable, tout s'y trouve. (3)

SILVIA. — Oui, dans le portrait que tu en fais, et on dit
50 qu'il y ressemble, mais c'est un *on dit*, et je pourrais bien n'être pas de ce sentiment-là, moi. Il est bel homme, dit-on, et c'est presque tant pis.

LISETTE. — Tant pis! tant pis! mais voilà une pensée bien hétéroclite[3]!

55 SILVIA. — C'est une pensée de très bon sens. Volontiers un bel homme est fat, je l'ai remarqué. (4)

LISETTE. — Oh! il a tort d'être fat, mais il a raison d'être beau.

SILVIA. — On ajoute qu'il est bien fait; passe.

60 LISETTE. — Oui-dà, cela est pardonnable.

SILVIA. — De beauté et de bonne mine[4], je l'en dispense; ce sont là des agréments superflus.

LISETTE. — Vertuchoux[5]! si je me marie jamais, ce superflu-là sera mon nécessaire. (5)

65 SILVIA. — Tu ne sais ce que tu dis. Dans le mariage, on a plus souvent affaire à l'homme raisonnable qu'à l'aimable* homme[6]; en un mot, je ne lui demande qu'un bon caractère, et cela est plus difficile à trouver qu'on ne pense. On loue beaucoup le sien, mais qui est-ce qui a vécu avec lui? Les hommes

---

1. Voilà pour entretenir la vie commune. *Société* évoque ici la mise en commun de deux existences; **2.** *En.* Ce pronom peut renvoyer à un nom de personne dans la langue classique. Le tour est ici familier : *en* renvoie par anticipation à *homme*, placé après; **3.** *Hétéroclite :* étrange, bizarre (mot d'origine savante, mais dont l'emploi dans le langage familier était relativement récent; on le trouve déjà dans les comédies de Regnard et de Dancourt); **4.** *De bonne mine :* d'une allure qui témoigne d'une bonne condition sociale; ou qui est la même que celle d'une personne bien née (I, VII, ligne 50); **5.** *Vertuchoux :* juron ancien, employé pour éviter le blasphème que comportait « Vertu Dieu »; **6.** L'adjectif *aimable* (de même que *excellent*, *amoureux*, etc.) est traditionnellement placé avant le nom à l'époque de Marivaux.

QUESTIONS

3. Le portrait de Dorante d'après Lisette : quelles qualités lui paraissent surtout appréciables dans un homme? — Lisette fait-elle une profession de foi personnelle ou cherche-t-elle à se mettre à la place de Silvia?

4. Quel est l'effet produit par l'expression *de très bon sens* dans une semblable discussion? Quelle est sa signification? Est-elle bien placée dans la bouche de Silvia?

5. Peut-on imaginer, du moins pour l'instant, les motifs qu'a Lisette de prendre le contre-pied de toutes les idées de Silvia?

70 ne se contrefont[1]-ils pas, surtout quand ils ont de l'esprit* (6)? N'en ai-je pas vu, moi, qui paraissaient avec leurs amis les meilleures gens du monde? C'est la douceur, la raison, l'enjouement même, il n'y a pas jusqu'à leur physionomie qui ne soit garante de toutes les bonnes qualités qu'on leur trouve. 75 « Monsieur un tel a l'air d'un galant* homme[2], d'un homme bien raisonnable, disait-on tous les jours d'Ergaste. — Aussi l'est-il, répondait-on; je l'ai répondu moi-même; sa physionomie ne vous ment pas d'un mot. » Oui, fiez-vous-y à cette physionomie si douce, si prévenante, qui disparaît un quart 80 d'heure après, pour faire place à un visage sombre, brutal, farouche, qui devient l'effroi de toute une maison! Ergaste s'est marié; sa femme, ses enfants, son domestique[3], ne lui connaissent encore que ce visage-là, pendant qu'il promène partout ailleurs cette physionomie si aimable* que nous lui 85 voyons, et qui n'est qu'un masque qu'il prend au sortir de chez lui. (7)

LISETTE. — Quel fantasque[4] avec ses deux visages!

SILVIA. — N'est-on pas content de Léandre quand on le voit? Eh bien, chez lui, c'est un homme qui ne dit mot, qui ne 90 rit ni qui[5] ne gronde; c'est une âme* glacée, solitaire, inaccessible. Sa femme ne la connaît point, n'a point de commerce[6] avec elle; elle n'est mariée qu'avec une figure[7] qui sort d'un cabinet[8], qui vient à table et qui fait expirer de langueur, de froid et d'ennui, tout ce qui l'environne. N'est-ce pas là un 95 mari bien amusant? (8)

LISETTE. — Je gèle au récit que vous m'en faites; mais Tersandre, par exemple?

---

1. *Se contrefaire :* simuler des qualités ou des sentiments qu'on n'a pas; **2.** Le *galant homme* est un *honnête homme* plus mondain et plus brillant; **3.** *Domestique :* terme collectif qui désigne l'ensemble des serviteurs; **4.** *Fantasque :* personnage extravagant, bizarre; **5.** Le français moderne ne répéterait pas le pronom sujet *qui;* **6.** *Commerce :* relations suivies, fréquentation; **7.** *Figure :* apparence; **8.** *Cabinet :* pièce la plus retirée dans un appartement, salle de travail.

QUESTIONS

6. Les appréhensions de Silvia : quel aspect de son caractère se révèle ici? Peut-on dire qu'elle a des préjugés contre le mariage?

7. Étudiez ce portrait d'Ergaste en analysant le sens et la valeur des trois termes : *visage*, *physionomie*, *masque*.

8. Montrez comment c'est encore un procédé de style qui donne à ce portrait piquant et nouveauté. — La valeur du mot *figure* dans ce portrait.

SILVIA. — Oui, Tersandre! Il venait l'autre jour de s'emporter contre sa femme; j'arrive, on m'annonce, je vois un homme
100 qui vient à moi les bras ouverts, d'un air serein, dégagé; vous auriez dit qu'il sortait de la conversation la plus badine*; sa bouche et ses yeux riaient encore. Le fourbe! Voilà ce que c'est que les hommes. Qui est-ce qui croit que sa femme est à plaindre avec lui? Je la trouvai toute[1] abattue, le teint plombé,
105 avec des yeux qui venaient de pleurer, je la trouvai comme je serai peut-être; voilà mon portrait à venir; je vais du moins risquer d'en être une copie. Elle me fit pitié, Lisette; si j'allais te faire pitié aussi! Cela est terrible! qu'en dis-tu? Songe à ce que c'est qu'un mari. **(9)**

110 LISETTE. — Un mari? c'est un mari; vous ne deviez pas finir par ce mot-là, il me raccommode avec tout le reste. **(10)**

SCÈNE II. — MONSIEUR ORGON, SILVIA, LISETTE.

MONSIEUR ORGON. — Eh! bonjour, ma fille; la nouvelle que je viens t'annoncer te fera-t-elle plaisir? Ton prétendu arrive aujourd'hui; son père me l'apprend par cette lettre-ci. Tu ne me réponds rien; tu me parais triste. Lisette de son côté baisse

1. L'usage d'accorder *tout* adverbe devant un mot qui commence pourtant par une voyelle se maintient encore malgré les prescriptions des grammairiens et de l'Académie depuis Vaugelas.

QUESTIONS

9. Le ton de ce nouveau portrait n'est-il pas différent cette fois? Montrez comment Marivaux a utilisé un genre à la mode (la série de portraits) au profit d'un thème de réflexion qui lui est cher (le mariage) en l'adaptant au talent d'une actrice (Silvia Balletti) et au caractère de l'héroïne (Silvia).

10. SUR L'ENSEMBLE DE LA SCÈNE PREMIÈRE. — D'après ces derniers mots et l'ensemble du dialogue, montrez comment s'opposent — ou se complètent — Silvia et Lisette (manière de parler, tempérament, goûts, conception de la vie). L'incertitude et l'inquiétude de Silvia sur son destin, au début de la comédie, ont-elles une valeur dramatique?

— Montrez que la forme de cette première scène, autant que son contenu, donne le ton de la pièce, ainsi que des indications précieuses sur le caractère de Silvia et sur son milieu.

— Marivaux et Molière : peut-on comparer cette discussion sur le mariage au débat d'Henriette et d'Armande par lequel commencent *les Femmes savantes?* Doit-on comparer Silvia à la Célimène du *Misanthrope* (acte II, scène IV), si habile à faire des portraits?

5 les yeux; qu'est-ce que cela signifie? Parle donc, toi; de quoi s'agit-il?

LISETTE. — Monsieur, un visage qui fait trembler, un autre qui fait mourir de froid, une âme* gelée qui se tient à l'écart, et puis le portrait d'une femme qui a le visage abattu, un teint
10 plombé, des yeux bouffis et qui viennent de pleurer; voilà, monsieur, tout ce que nous considérons avec tant de recueillement.

MONSIEUR ORGON. — Que veut dire ce galimatias? Une âme! un portrait! Explique-toi donc, je n'y entends rien.

15 SILVIA. — C'est que j'entretenais Lisette du malheur d'une femme maltraitée par son mari; je lui citais celle de Tersandre, que je trouvais l'autre jour fort abattue, parce que son mari venait de la quereller, et je faisais là-dessus mes réflexions.

LISETTE. — Oui, nous parlions d'une physionomie qui va
20 et qui vient; nous disions qu'un mari porte un masque avec le monde, et une grimace[1] avec sa femme. **(11)**

MONSIEUR ORGON. — De tout cela[2], ma fille, je comprends que le mariage t'alarme, d'autant plus que tu ne connais point Dorante.

25 LISETTE. — Premièrement, il est beau, et c'est presque tant pis.

MONSIEUR ORGON. — Tant pis! rêves-tu, avec ton tant pis?

LISETTE. — Moi, je dis ce qu'on m'apprend; c'est la doctrine de madame[3], j'étudie sous[4] elle.

30 MONSIEUR ORGON. — Allons, allons, il n'est pas question de tout cela. Tiens, ma chère enfant, tu sais combien je t'aime. Dorante vient pour t'épouser. Dans le dernier voyage que je fis en province, j'arrêtai ce mariage-là avec son père, qui est mon intime et mon ancien ami[5]; mais ce fut à condition que

1. *Grimace :* expression désagréable et malveillante, mais naturelle, d'un visage; 2. D'après tout cela; 3. Titre donné « aux femmes et aux filles des bourgeois en parlant d'elles ou à elles » (*Dictionnaire de l'Académie*, 1694); 4. *Etudier sous quelqu'un :* suivre l'enseignement de quelqu'un; 5. Mon ami depuis longtemps.

QUESTIONS

11. Montrez que le silence de Silvia et le bavardage de Lisette permettent à Marivaux de tirer des effets nouveaux de la reprise d'un thème exploité dans la scène précédente. — Quel procédé utilise Lisette pour railler sa maîtresse? A-t-elle tort de se moquer de certaines expressions utilisées par Silvia?

35 vous vous plairiez* à[1] tous deux; et que vous auriez entière liberté de vous expliquer là-dessus; je te défends toute complaisance à mon égard. Si Dorante ne te convient point, tu n'as qu'à le dire, il repart; si tu ne lui convenais pas, il repart de même. **(12)**

40 LISETTE. — Un *duo* de tendresse* en décidera, comme à l'Opéra : Vous me voulez, je vous veux, vite un notaire! ou bien : M'aimez-vous? non; ni moi non plus; vite à cheval!

MONSIEUR ORGON. — Pour moi, je n'ai jamais vu Dorante; il était absent quand j'étais chez son père; mais sur[2] tout le 45 bien qu'on m'en a dit, je ne saurais craindre que vous vous remerciiez[3] ni l'un ni l'autre. **(13)**

SILVIA. — Je suis pénétrée de vos bontés, mon père. Vous me défendez toute complaisance, et je vous obéirai.

MONSIEUR ORGON. — Je te l'ordonne.

50 SILVIA. — Mais si j'osais, je vous proposerais, sur une idée[4] qui me vient, de m'accorder une grâce qui me tranquilliserait tout à fait.

MONSIEUR ORGON. — Parle; si la chose est faisable, je te l'accorde.

55 SILVIA. — Elle est très faisable; mais je crains que ce ne soit abuser de vos bontés.

MONSIEUR ORGON. — Eh bien, abuse. Va! dans ce monde, il faut être un peu trop bon pour l'être assez.

LISETTE. — Il n'y a que le meilleur de tous les hommes qui 60 puisse dire cela.

---

1. Le verbe *plaire* est, dans la langue actuelle, soit transitif indirect (plaire à quelqu'un), soit pronominal de sens réciproque (se plaire); dans ce dernier cas, un pronom ou un groupe de mots destiné à insister sur les personnes est apposé au pronom sujet et non au pronom complément : *vous vous plairiez tous deux;* **2.** *Sur :* d'après, en se fondant sur; **3.** *Remercier :* congédier. *Remercier* s'emploie habituellement lorsqu'il s'agit d'un subalterne ou d'un employé; **4.** *Sur :* au sujet d'une idée.

QUESTIONS

12. Appréciez l'attitude de M. Orgon dans cette circonstance. S'attendait-on à tant de compréhension de la part d'un père dans une comédie bourgeoise? — Expliquez notamment la différence de sens entre les deux formes *convient* et *convenais* (lignes 37 et 38).

13. Est-il important que M. Orgon ne connaisse Dorante que de réputation?

MONSIEUR ORGON. — Explique-toi, ma fille.

SILVIA. — Dorante arrive ici aujourd'hui; si je pouvais le voir, l'examiner un peu sans qu'il me connût! Lisette a de l'esprit*, monsieur, elle pourrait prendre ma place pour un
65 peu de temps, et je prendrais la sienne. **(14)**

MONSIEUR ORGON, *à part.* — Son idée est plaisante. *(Haut.)* Laisse-moi rêver[1] un peu à ce que tu me dis là. *(A part.)* Si je la laisse faire, il doit arriver quelque chose de bien singulier, elle ne s'y attend pas elle-même... *(Haut.)* Soit, ma fille, je te
70 permets le déguisement. Es-tu bien sûre de soutenir le tien, Lisette? **(15)**

LISETTE. — Moi, monsieur, vous savez qui je suis ; essayez de m'en conter*, et manquez de respect, si vous l'osez[2]; à cette contenance-ci[3], voilà un échantillon des bons airs[4] avec lesquels
75 je vous attends. Qu'en dites-vous? hein? retrouvez-vous Lisette?

MONSIEUR ORGON. — Comment donc! je m'y trompe actuellement moi-même. Mais il n'y a point de temps à perdre, va t'ajuster[5] suivant ton rôle. Dorante peut nous surprendre. Hâtez-vous, et qu'on donne le mot à toute la maison.

80 SILVIA. — Il ne me faut presque qu'un tablier.

---

1. *Rêver :* réfléchir, méditer; 2. La ponctuation est celle de l'édition originale et des éditions suivantes faites du vivant de Marivaux; il faut donc comprendre : essayez de m'en conter (de me faire la cour) et manquez-moi de respect, si vous l'osez (avec une mise en facteur commun du pronom complément qui ne serait plus possible de nos jours, puisque les deux verbes n'ont pas la même construction et ne sont pas sur le même plan); 3. A en juger par cette contenance que je prends maintenant; 4. *Bons airs :* manières distinguées, à la mode dans la société qui se pique de donner le ton (on disait aussi « bel air », « grand air »); 5. *S'ajuster :* se préparer.

QUESTIONS

14. L'attitude de Silvia à l'égard de son père : pourquoi appréhende-t-elle tellement de lui révéler son projet? En quoi pourrait-il paraître irrévérencieux? Ce projet de Silvia s'accorde-t-il avec l'image que nous avions d'elle, d'après la scène précédente? Comment se complètent ces divers éléments du caractère de Silvia? — Rapprochez ce travestissement d'autres travestissements semblables chez Marivaux.

15. Quelle est l'importance de cette réplique pour la suite de l'action? Le spectateur peut-il deviner en quoi consistera la « singularité » de la situation? — Sur quel plan se place ici la participation du spectateur à l'intrigue?

LISETTE. — Et moi je vais à ma toilette; venez m'y coiffer, Lisette, pour vous accoutumer à vos fonctions; un peu d'attention à votre service, s'il vous plaît. **(16)**

SILVIA. — Vous serez contente, marquise; marchons! **(17) (18)**

SCÈNE III. — MARIO, MONSIEUR ORGON, SILVIA.

MARIO. — Ma sœur, je te félicite de la nouvelle que j'apprends : nous allons voir ton amant*, dit-on.

SILVIA. — Oui, mon frère; mais je n'ai pas le temps de m'arrêter; j'ai des affaires sérieuses, et mon père vous les dira;
5 je vous quitte. **(19)**

SCÈNE IV. — MONSIEUR ORGON, MARIO.

MONSIEUR ORGON. — Ne l'amusez[1] pas, Mario; venez, vous saurez de quoi il s'agit.

MARIO. — Qu'y a-t-il de nouveau, monsieur[2]?

MONSIEUR ORGON. — Je commence par vous recommander
5 d'être discret sur ce que je vais vous dire, au moins.

MARIO. — Je suivrai vos ordres.

MONSIEUR ORGON. — Nous verrons Dorante aujourd'hui; mais nous ne le verrons que déguisé.

---

1. *Amuser :* retarder, faire perdre du temps; **2.** Titre donné par Silvia et Mario à leur père tout le long de la pièce; politesse en usage dans la noblesse et, par imitation, dans la haute bourgeoisie.

QUESTIONS

16. Comparez les deux répliques qui marquent chez Silvia (ligne 80) et chez Lisette (lignes 81-83) le moment où elles entrent chacune dans leur rôle : quelles différences dans l'intention et dans le ton?

17. D'après ces deux dernières répliques, voit-on dans quel esprit les deux femmes vont remplir l'accord qui vient d'être conclu?

18. SUR L'ENSEMBLE DE LA SCÈNE II. — Définissez la situation traditionnelle qui se trouve créée ici entre père et fille : la méfiance de Silvia à l'égard de celui qu'on lui destine aboutit-elle au résultat habituel dans les comédies?

— Faites le portrait de M. Orgon.

— Analysez les sentiments de Silvia à l'égard de son père; étudiez le vocabulaire de la tendresse et de l'obéissance filiales chez la jeune fille.

19. SUR LA SCÈNE III. — Par quels détails Marivaux note-t-il un changement de ton, d'humeur chez Silvia par rapport à la scène première?

MARIO. — Déguisé! Viendra-t-il en partie de masque[1]? lui
10 donnerez-vous le bal? **(20)**

MONSIEUR ORGON. — Écoutez l'article[2] de la lettre du père : Hum... « Je ne sais au reste ce que vous penserez d'une imagination[3] qui est venue à mon fils : elle est bizarre, il en convient lui-même; mais le motif en est pardonnable et même délicat,
15 c'est qu'il m'a prié de lui permettre de n'arriver d'abord[4] chez vous que sous la figure[5] de son valet, qui de son côté fera le personnage de son maître. »

MARIO. — Ah! ah! cela sera plaisant.

MONSIEUR ORGON. — Écoutez le reste... « Mon fils sait combien
20 l'engagement* qu'il va prendre est sérieux; il espère, dit-il, sous ce déguisement de peu de durée, saisir quelques traits du caractère de notre future et la mieux connaître, pour se régler[6] ensuite sur[7] ce qu'il doit faire, suivant la liberté que nous sommes convenus de leur laisser. Pour moi, qui m'en
25 fie bien à ce que vous m'avez dit de votre aimable* fille, j'ai consenti à tout en prenant la précaution de vous avertir, quoiqu'il m'ait demandé le secret de votre côté. Vous en userez là-dessus avec la future comme vous le jugerez à propos **(21)**... » Voilà ce que le père m'écrit. Ce n'est pas le tout, voici ce qui
30 arrive; c'est que votre sœur, inquiète de son côté sur le chapitre[8] de Dorante, dont elle ignore le secret, m'a demandé de jouer ici la même comédie, et cela précisément pour observer Dorante, comme Dorante veut l'observer. Qu'en dites-vous? Savez-vous rien[9] de plus particulier[10] que cela? Actuellement,
35 la maîtresse et la suivante se travestissent. Que me conseillez-vous, Mario? Avertirai-je votre sœur, ou non? **(22)**

---

1. *Partie de masque :* bal masqué; **2.** *Article :* passage; **3.** *Imagination :* idée; **4.** *D'abord :* dès le début, dès son arrivée; **5.** *Figure :* apparence; **6.** *Se régler :* se décider; **7.** Au sujet de, à propos de; **8.** Au sujet de; **9.** *Rien :* quelque chose; **10.** *Particulier :* extraordinaire.

QUESTIONS

20. Le spectateur partage-t-il ici la surprise de Mario? Quelle est sa réaction en apprenant les intentions de Dorante?

21. A quoi la lettre du père de Dorante prépare-t-elle le spectateur (nature de l'intrigue, caractère des personnages)? — Le goût de Marivaux pour le portrait : montrez qu'il esquisse à travers sa lettre celui du père de Dorante et celui de Dorante lui-même.

22. Qu'est-ce qui semble décider M. Orgon à ne pas avertir sa fille du déguisement de Dorante?

MARIO. — Ma foi, monsieur, puisque les choses prennent ce train-là, je ne voudrais pas les déranger, et je respecterais l'idée qui leur est venue à l'un et à l'autre; il faudra bien qu'ils
40 se parlent souvent tous deux sous ce déguisement. Voyons si leur cœur ne les avertirait pas de ce qu'ils valent. Peut-être que Dorante prendra du goût* pour ma sœur, toute soubrette[1] qu'elle sera, et cela serait charmant* pour elle. **(23)**

MONSIEUR ORGON. — Nous verrons un peu comment elle se
45 tirera d'intrigue[2].

MARIO. — C'est une aventure qui ne saurait manquer de nous divertir. Je veux me trouver au début et les agacer tous deux. **(24)**

SCÈNE V. — SILVIA, MONSIEUR ORGON, MARIO.

SILVIA. — Me voilà, monsieur; ai-je mauvaise grâce en femme de chambre? Et vous, mon frère, vous savez de quoi il s'agit, apparemment. Comment me trouvez-vous?

MARIO. — Ma foi, ma sœur, c'est autant de pris que le valet[3];
5 mais tu pourrais bien aussi escamoter Dorante à ta maîtresse.

1. *Soubrette :* domestique, généralement attachée au service d'une dame ou d'une jeune fille (c'est devenu le terme traditionnel du théâtre); 2. *Se tirer d'intrigue :* se tirer d'affaire, de difficulté; 3. Le valet est gagné, séduit à coup sûr.

QUESTIONS

23. Comment faut-il comprendre le *ce qu'ils valent* (ligne 41)? Pourquoi Mario parle-t-il de *goût* et non d'*amour* (ligne 42)? — Mario a-t-il les mêmes motifs que son père pour approuver le double déguisement? Dans quelle mesure peut-on dire que sa réplique préfigure le déroulement de l'action? Est-il vraisemblable que Mario entre aussi aisément dans le jeu? Ne pourrait-on imaginer d'autre réaction de sa part? Comment peut-on justifier cette bienveillance?

24. SUR L'ENSEMBLE DE LA SCÈNE IV. — Quelle difficulté avait à surmonter ici Marivaux pour informer le spectateur de la curieuse coïncidence qui a poussé Dorante à se déguiser? Par quels procédés donne-t-il à son explication la clarté nécessaire, sans que cependant on sente l'artifice?

— Les caractères masculins qui se profilent et se précisent dans cette scène : Mario, Dorante et son père. Qu'ont-ils de commun? En quoi les sentiments de ces personnages masculins (auxquels il faut ajouter M. Orgon) rendent-ils vraisemblables la situation où ils se trouvent engagés ou complices?

— L'exposition : montrez que cette scène termine l'exposition. Comment celle-ci s'est-elle déroulée depuis le début de la pièce? D'une manière progressive et continue, ou avec des interruptions et des rebondissements?

SILVIA. — Franchement, je ne haïrais pas de lui plaire* sous le personnage que je joue; je ne serais pas fâchée de subjuguer sa raison, de l'étourdir* un peu sur[1] la distance qu'il y aura de lui à moi. Si mes charmes* font ce coup-là, ils me feront
10 plaisir, je les estimerai. D'ailleurs, cela m'aiderait à démêler[2] Dorante. A l'égard de son valet, je ne crains pas ses soupirs, ils n'oseront m'aborder, il y aura quelque chose dans ma physionomie qui inspirera plus de respect que d'amour à ce faquin-là. **(25)**

15 MARIO. — Allons doucement, ma sœur; ce faquin-là sera votre égal.

MONSIEUR ORGON. — Et ne manquera pas de t'aimer. **(26)**

SILVIA. — Eh bien, l'honneur de lui plaire* ne me sera pas inutile; les valets sont naturellement indiscrets, l'amour est
20 babillard, et j'en ferai l'historien[3] de son maître.

UN VALET. — Monsieur, il vient d'arriver un domestique qui demande à vous parler; il est suivi d'un crocheteur[4] qui porte une valise.

MONSIEUR ORGON. — Qu'il entre; c'est sans doute le valet de
25 Dorante, son maître peut être resté au bureau[5] pour affaires. Où est Lisette? **(27)**

---

1. *Sur :* au sujet de; 2. *Démêler :* distinguer, éclaircir, connaître (s'emploie encore dans le style soutenu en ce sens, mais avec un nom de chose comme complément); 3. *Historien :* conteur, personne qui fait un récit; 4. *Crocheteur :* portefaix qui se sert d'un crochet; 5. *Bureau :* agence, bureau de messageries, où l'on retient sa place dans une voiture publique.

QUESTIONS

25. Comparez ces paroles avec celles de la scène II (lignes 62-63). — Montrez que Silvia donne de nouvelles raisons de son déguisement, et que ce qui était l'essentiel n'est plus qu'accessoire.

26. Silvia a-t-elle prévu cette autre conséquence de son déguisement? Pourquoi Mario et M. Orgon attirent-ils son attention là-dessus?

27. A quelle nécessité théâtrale répond l'absence de Lisette — que par ailleurs son déguisement rend vraisemblable — lors de l'arrivée de Dorante?

SILVIA. — Lisette s'habille, et, devant son miroir, nous trouve très imprudents de lui livrer Dorante; elle aura bientôt fait.

MONSIEUR ORGON. — Doucement! on vient. **(28)**

Scène VI. — DORANTE *en valet*, MONSIEUR ORGON, SILVIA, MARIO.

DORANTE. — Je cherche monsieur Orgon; n'est-ce pas à lui que j'ai l'honneur de faire la révérence?

MONSIEUR ORGON. — Oui, mon ami, c'est à lui-même.

DORANTE. — Monsieur, vous avez sans doute reçu de nos
5 nouvelles; j'appartiens[1] à monsieur Dorante qui me suit, et qui m'envoie toujours[2] devant vous assurer de ses respects, en attendant qu'il vous en assure lui-même. **(29)**

MONSIEUR ORGON. — Tu fais ta commission de fort bonne grâce. Lisette, que dis-tu de ce garçon-là?

10 SILVIA. — Moi, monsieur, je dis qu'il est le bienvenu, et qu'il promet.

DORANTE. — Vous avez bien de la bonté; je fais du mieux qu'il m'est possible.

MARIO. — Il n'est pas mal tourné, au moins; ton cœur n'a
15 qu'à se bien tenir, Lisette.

SILVIA. — Mon cœur! c'est bien des affaires[3].

DORANTE. — Ne vous fâchez pas, mademoiselle[4], ce que dit monsieur ne m'en fait point accroire.

1. *Appartenir :* être au service de; 2. *Toujours :* en attendant; 3. *Affaires :* embarras, complications, histoires; 4. *Mademoiselle :* « Titre d'honneur qu'on donne aux filles et aux femmes des simples gentilshommes et qui est mitoyen entre la *madame* bourgeoise et la *madame* de qualité (*Dictionnaire* de Furetière, 1690). [Se donne aussi à toute femme mariée qui n'est pas noble.] Dorante emploie spontanément les titres qu'il a l'habitude de donner.

QUESTIONS

28. Sur l'ensemble de la scène v. — Étudiez le changement de ton chez Silvia, par rapport aux scènes précédentes et à la première scène surtout : en quoi tient-il à son déguisement? — Que signifie, pour Silvia, le fait d'appartenir à l'aristocratie?

29. Dorante joue-t-il bien son rôle? Quelle première impression peut faire le pseudo-valet sur Silvia?

SILVIA. — Cette modestie-là me plaît, continuez de
20 même. **(30)**

MARIO. — Fort bien! Mais il me semble que ce nom de mademoiselle qu'il te donne est bien sérieux. Entre gens comme vous, le style des compliments ne doit pas être si grave, vous seriez toujours sur le qui-vive; allons, traitez-vous plus com-
25 modément[1]. Tu as nom Lisette; et toi, mon garçon, comment t'appelles-tu?

DORANTE. — Bourguignon[2], monsieur, pour vous servir.

SILVIA. — Eh bien, Bourguignon, soit!

DORANTE. — Va donc pour Lisette; je n'en serai pas moins
30 votre serviteur[3].

MARIO. — Votre serviteur! ce n'est point encore là votre jargon[4]; c'est *ton serviteur* qu'il faut dire.

MONSIEUR ORGON. — Ah! ah! ah! ah!

SILVIA, *bas à Mario.* — Vous me jouez[5], mon frère.

35 DORANTE. — A l'égard du tutoiement, j'attends les ordres de Lisette.

SILVIA. — Fais comme tu voudras, Bourguignon : voilà la glace rompue, puisque cela divertit ces messieurs.

DORANTE. — Je t'en remercie, Lisette, et je réponds sur-le-
40 champ à l'honneur que tu me fais.

MONSIEUR ORGON. — Courage, mes enfants; si vous commencez à vous aimer, vous voilà débarrassés des cérémonies[6]. **(31)**

---

1. *Commodément :* avec moins de manière, plus de simplicité; 2. Les valets portaient souvent le nom de leurs province d'origine (Picard, Poitevin, etc.); 3. Formule de politesse traditionnelle qui prend dans *le Jeu de l'amour et du hasard* plusieurs emplois plaisants; 4. *Jargon :* langage propre à un groupe d'individus; 5. *Jouer quelqu'un :* tourner en ridicule et tromper en même temps; 6. *Cérémonies :* marques de politesse, mais sans idée de formalité apprêtée.

QUESTIONS

30. Étudiez les premières répliques échangées entre Silvia et Dorante, en tenant compte de la situation telle que chacun d'eux l'imagine : dans quelle mesure voit-on transparaître leurs sentiments réels à travers les mots qui sont commandés par leur déguisement? — En quel sens la présence de Mario et de M. Orgon influe-t-elle sur le rôle de Silvia? sur celui de Dorante? — Comment le spectateur participe-t-il à cette première phase du quiproquo?

31. Dans quelle intention Mario et M. Orgon insistent-ils tellement pour créer un lien de familiarité entre les deux pseudo-valets? — Pourquoi « accélérer » ainsi le rapprochement de Dorante et de Silvia? Montrez l'utilité de cette tactique pour le déroulement de l'action.

MARIO. — Oh! doucement; s'aimer, c'est une autre affaire;
45 vous ne savez peut-être pas que j'en veux au cœur de Lisette, moi qui vous parle. Il est vrai qu'il m'est cruel; mais je ne veux pas que Bourguignon aille sur mes brisées[1].

SILVIA. — Oui! le prenez-vous sur ce ton-là? Et moi, je veux que Bourguignon m'aime. **(32)**

50 DORANTE. — Tu te fais tort de dire[2] *je veux*, belle Lisette; tu n'as pas besoin d'ordonner pour être servie.

MARIO. — Mons[3] Bourguignon, vous avez pillé cette galanterie*-là quelque part.

DORANTE. — Vous avez raison, monsieur, c'est dans ses
55 yeux que je l'ai prise.

MARIO. — Tais-toi, c'est encore pis; je te défends d'avoir tant d'esprit*.

SILVIA. — Il ne l'a pas à vos dépens, et, s'il en trouve dans mes yeux, il n'a qu'à prendre. **(33)**

60 MONSIEUR ORGON. — Mon fils, vous perdrez votre procès, retirons-nous. Dorante va venir, allons le dire à ma fille; et

---

1. Entre en concurrence avec moi (métaphore empruntée à la chasse : les brisées sont les branches d'arbre que le veneur rompt pour reconnaître l'endroit où la bête a passé); **2.** Tu te causes un préjudice en disant...; **3.** *Mons* s'emploie, au lieu de « Monsieur », dans le discours familier, avec une nuance de condescendance; Mario est seul à l'employer dans la pièce.

QUESTIONS

32. Que pensez-vous de la situation imaginée par Mario? Pourquoi affirme-t-il que l'amour qu'il feint pour Silvia n'est pas payé de retour? — Étudiez avec le *Oui! le prenez-vous sur ce ton-là?* de Silvia le changement de ton de la scène : est-il plus naturel?

33. L'échange de galanteries entre Dorante et Silvia est-il conforme au style qu'emploieraient deux valets? Pourquoi les deux personnages ne sont-ils cependant pas étonnés chacun de voir l'autre user d'un pareil langage?

vous, Lisette, montrez à ce garçon l'appartement de son maître. Adieu, Bourguignon.

DORANTE. — Monsieur, vous me faites trop d'honneur. **(34)**

SCÈNE VII. — SILVIA, DORANTE.

SILVIA, *à part.* — Ils se donnent la comédie; n'importe, mettons tout à profit, ce garçon-ci n'est pas sot, et je ne plains pas la soubrette[1] qui l'aura. Il va m'en conter*, laissons-le dire, pourvu qu'il m'instruise[2].

5 DORANTE, *à part.* — Cette fille-ci m'étonne! Il n'y a point de femme au monde à qui sa physionomie ne fît[3] honneur : lions connaissance avec elle **(35)**. *(Haut.)* Puisque nous sommes dans le style amical et que nous avons abjuré les façons, dis-moi, Lisette, ta maîtresse te vaut-elle? Elle est bien hardie
10 d'oser avoir une femme de chambre comme toi!

SILVIA. — Bourguignon, cette question-là m'annonce que, suivant la coutume, tu arrives avec l'intention de me dire des douceurs* : n'est-il pas vrai?

DORANTE. — Ma foi, je n'étais pas venu dans ce dessein-là,
15 je te l'avoue. Tout valet que je suis, je n'ai jamais eu de grandes liaisons avec les soubrettes; je n'aime pas l'esprit domestique; mais à ton égard, c'est une autre affaire. Comment donc! tu

---

1. *Soubrette :* voir note I, IV, ligne 42; **2.** *Instruire :* donner des informations; **3.** Imparfait du subjonctif, qui prend une valeur de conditionnel, après une principale qui est au présent.

QUESTIONS

34. SUR L'ENSEMBLE DE LA SCÈNE VI. — Montrez qu'en dépit de leur timidité et de leur gêne Silvia et Dorante sont, par leur langage et leur attitude, toujours à l'unisson.

— Étudiez l'importance du langage, chez un personnage de Marivaux, comme signe de l'esprit et de la classe sociale, et comme lien entre personnes d'une même société (Dorante et Mario). Étudiez en particulier les galanteries de Dorante.

— Comment M. Orgon et Mario ont-ils tenu leur serment de « les agacer tous deux »? Est-ce du goût de Silvia? Est-ce utile au progrès du dialogue? Y a-t-il eu un pas de franchi?

— Étudiez la part des conventions théâtrales : les valets (aux yeux de M. Orgon et Mario), les héros (aux yeux des spectateurs) doivent s'aimer dès leur première rencontre.

35. Pourquoi ces deux apartés dès que Silvia et Dorante se trouvent seuls (motifs psychologiques et raisons scéniques)? — Montrez que le point de départ du dialogue est légèrement différent chez Silvia et chez Dorante.

me soumets[1]; je suis presque timide; ma familiarité n'oserait s'apprivoiser avec toi; j'ai toujours envie d'ôter mon chapeau
20 de dessus ma tête, et quand je te tutoie, il me semble que je jure! enfin, j'ai un penchant* à te traiter avec des respects qui te feraient rire. Quelle espèce de suivante es-tu donc avec ton air de princesse?

SILVIA. — Tiens, tout ce que tu dis avoir senti en me voyant,
25 est précisément l'histoire de tous les valets qui m'ont vue. **(36)**

DORANTE. — Ma foi, je ne serais pas surpris quand ce serait aussi l'histoire de tous les maîtres.

SILVIA. — Le trait est joli* assurément; mais, je te le répète encore, je ne suis point faite[2] aux cajoleries* de ceux dont la
30 garde-robe ressemble à la tienne.

DORANTE. — C'est-à-dire que ma parure[3] ne te plaît pas?

SILVIA. — Non, Bourguignon; laissons là l'amour, et soyons bons amis.

DORANTE. — Rien que cela? Ton petit traité n'est composé
35 que de deux clauses impossibles. **(37)**

SILVIA, *à part.* — Quel homme pour un valet! *(Haut.)* Il faut pourtant qu'il s'exécute; on m'a prédit que je n'épouserais jamais qu'un homme de condition[4], et j'ai juré depuis de n'en écouter jamais d'autres.

40 DORANTE. — Parbleu! cela est plaisant; ce que tu as juré pour homme, je l'ai juré pour femme, moi; j'ai fait serment de n'aimer sérieusement qu'une fille de condition.

---

1. Je me range sous ton autorité. Cette tournure, qui appartient à la langue noble, est d'origine précieuse; **2.** *Fait à :* accoutumé à, avec une nuance de résignation; **3.** *Parure :* vêtement; **4.** *Homme de condition :* personne qui appartient à la noblesse.

QUESTIONS

36. Par quel biais débute le badinage? Relevez dans les propos de Dorante les termes qui marquent son assurance devant celle qu'il prend pour une suivante et ceux qui sont l'expression d'un sentiment sincère, qu'il n'arrive pas à dissimuler. — L'attitude de Silvia : comment se donne-t-elle l'illusion de mener le jeu et de ne pas sortir de son rôle? Encourage-t-elle ou non le badinage de Dorante?

37. A partir de quelle réplique Silvia tente-t-elle de mettre un terme aux avances de Dorante? Pourquoi serait-elle soulagée qu'on en revienne au pacte d'amitié (lignes 32-33)?

SILVIA. — Ne t'écarte donc pas de ton projet.

DORANTE. — Je ne m'en écarte peut-être pas tant que nous
45 le croyons; tu as l'air bien distingué, et l'on est quelquefois fille de condition sans le savoir.

SILVIA. — Ah! ah! ah! je te remercierais de ton éloge, si ma mère n'en faisait pas les frais.

DORANTE. — Eh bien, venge-t'en sur la mienne, si tu me
50 trouves assez bonne mine[1] pour cela.

SILVIA, *à part.* — Il le mériterait. *(Haut.)* Mais ce n'est pas là de quoi il est question; trêve de badinage*; c'est un homme de condition qui m'est prédit pour époux, et je n'en rabattrai[2] rien.

55 DORANTE. — Parbleu! si j'étais tel, la prédiction me menacerait; j'aurais peur de la vérifier. Je n'ai point de foi à l'astrologie, mais j'en ai beaucoup à ton visage. **(38)**

SILVIA, *à part.* — Il ne tarit point... *(Haut.)* Finiras-tu? que t'importe la prédiction puisqu'elle t'exclut?

60 DORANTE. — Elle n'a pas prédit que je ne t'aimerais point.

SILVIA. — Non, mais elle a dit que tu n'y gagnerais rien, et moi je te le confirme.

DORANTE. — Tu fais fort bien, Lisette, cette fierté-là te va à merveille, et, quoiqu'elle me fasse mon procès, je suis pour-
65 tant bien aise de te la voir; je te l'ai souhaitée d'abord que[3] je t'ai vue; il te fallait encore cette grâce-là, et je me console d'y perdre, parce que tu y gagnes. **(39)**

---

1. Voir note I, I, ligne 61; **2.** *Je n'en rabattrai rien :* je ne changerai pas d'avis (littér. : « je ne changerai pas mon prix »); **3.** *D'abord que :* dès que (cette locution, commune à l'époque classique, n'est plus en usage aujourd'hui).

QUESTIONS

38. Pourquoi Dorante affirme-t-il qu'il n'épousera qu'une *fille de condition*, alors qu'il prend Silvia pour une suivante? — Les apartés de Silvia : quelle est leur utilité à ce moment du dialogue? — Le spectateur n'a-t-il pas l'impression que le quiproquo va se résoudre? Montrez comment Marivaux joue avec la situation qu'il a créée pour s'assurer la connivence du spectateur. — Appréciez la valeur de la réplique de Silvia *Ne t'écarte donc pas de ton projet :* quelle valeur prend-elle pour Silvia? pour Dorante? pour le spectateur?

39. Sur quelle situation sentimentale les deux personnages se rejoignent-ils? Pourquoi Silvia accepte-t-elle d'être aimée, mais en refusant elle-même tout engagement? Pourquoi Dorante s'obstine-t-il à aimer Silvia, qui ne lui donne aucun espoir? — Étudiez la réplique de Dorante (lignes 63-66) et analysez le sentiment de l'amour fondé sur l'estime tel qu'il est exprimé ici.

SILVIA, *à part.* — Mais en vérité, voilà un garçon qui me surprend, malgré[1] que j'en aie... *(Haut.)* Dis-moi, qui es-tu,
70 toi qui me parles ainsi?

DORANTE. — Le fils d'honnêtes gens qui n'étaient pas riches.

SILVIA. — Va, je te souhaite de bon cœur une meilleure situation que la tienne, et je voudrais pouvoir y contribuer; la fortune a tort avec toi.

75 DORANTE. — Ma foi, l'amour a plus de tort qu'elle; j'aimerais mieux qu'il me fût permis de te demander ton cœur, que d'avoir tous les biens du monde.

SILVIA, *à part.* — Nous voilà, grâce au ciel, en conversation réglée[2] **(40)**. *(Haut.)* Bourguignon, je ne saurais me fâcher
80 des discours que tu me tiens; mais je t'en prie, changeons d'entretien[3]. Venons à ton maître. Tu peux te passer de me parler d'amour, je pense?

DORANTE. — Tu pourrais bien te passer de m'en faire sentir, toi.

85 SILVIA. — Ah! je me fâcherai; tu m'impatientes. Encore une fois, laisse là ton amour.

DORANTE. — Quitte donc ta figure[4].

SILVIA, *à part.* — A la fin, je crois qu'il m'amuse[5]... *(Haut.)* Eh bien, Bourguignon, tu ne veux donc pas finir? Faudra-t-il
90 que je te quitte? *(A part.)* Je devrais déjà l'avoir fait. **(41)**

---

1. *Malgré que j'en aie :* quelque mauvais gré, quelque déplaisir que j'en aie; **2.** *Réglée :* qui obéit aux lois du genre; **3.** *Entretien :* sujet de conversation; **4.** Tournure précieuse (voir Introduction, page 25); équivalent de quelque chose comme : « ne sois pas si jolie, si distinguée »; **5.** *Amuser :* On peut hésiter ici entre le sens de « divertir », « distraire » et celui, plus ancien, de « faire perdre du temps », « arrêter inutilement ». Silvia elle-même se laisse peut-être prendre à l'ambiguïté du mot.

QUESTIONS

40. De quel espoir romanesque se flatte Silvia (ligne 74)? — Comment se pose ici le problème des rapports entre la condition sociale et la valeur des sentiments? Lequel des deux personnages semble avoir sur ce point le plus de préjugés de classe? — Si l'on tient compte de la condition réelle des deux personnages, peut-on conclure que, pour Marivaux, les sentiments peuvent unir des personnes de classe différente?

41. Est-ce la première fois que Silvia veut amener l'entretien à un autre sujet? Pourquoi Dorante ne quitte-t-il pas le ton de badinage? — Le dernier aparté de Silvia (ligne 90) : quel progrès marque-t-il dans les sentiments de la jeune fille, tels qu'ils se sont exprimés dans ses apartés successifs?

DORANTE. — Attends, Lisette, je voulais moi-même te parler d'autre chose, mais je ne sais plus ce que c'est.

SILVIA. — J'avais de mon côté quelque chose à te dire; mais tu m'as fait perdre mes idées aussi, à moi.

95 DORANTE. — Je me rappelle de t'avoir demandé si ta maîtresse te valait.

SILVIA. — Tu reviens à ton chemin par un détour, adieu.

DORANTE. — Eh! non, te dis-je, Lisette, il ne s'agit ici que de mon maître.

100 SILVIA. — Eh bien, soit! je voulais te parler de lui aussi, et j'espère que tu voudras bien me dire confidemment[1] ce qu'il est. Ton attachement pour lui m'en donne bonne opinion; il faut qu'il ait du mérite*, puisque tu le sers. **(42)**

DORANTE. — Tu me permettras peut-être de te remercier 105 de ce que tu me dis là, par exemple?

SILVIA. — Veux-tu bien ne prendre pas garde à l'imprudence que j'ai eue de le dire?

DORANTE. — Voilà encore de ces réponses qui m'emportent*. Fais comme tu voudras, je n'y résiste point; et je suis bien 110 malheureux de me trouver arrêté[2] par tout ce qu'il y a de plus aimable* au monde.

SILVIA. — Et moi, je voudrais bien savoir comment il se fait que j'ai la bonté de t'écouter, car assurément, cela est singulier.

115 DORANTE. — Tu as raison, notre aventure est unique. **(43)**

1. *Confidemment* : confidentiellement; 2. *Arrêté* : engagé, retenu par des charmes, par une personne qui plaît (en ce sens, fait partie du vocabulaire galant).

QUESTIONS

42. Pourquoi Dorante renonce-t-il maintenant au badinage? Silvia en est-elle au fond tellement satisfaite? — Comment interpréter la dernière réflexion de Silvia (ligne 103)? Lui a-t-elle échappé? Est-ce un compliment voulu? En quoi Silvia est-elle ici en parfait accord avec Dorante?

43. Comment rebondit encore une fois le badinage galant? Jusqu'où Silvia pousse-t-elle l'aveu de ses sentiments? — L'importance des deux adjectifs *singulier* et *unique* : quelle nuance de sens comportent-ils?

SILVIA, *à part.* — Malgré tout ce qu'il m'a dit, je ne suis point partie, je ne pars point, me voilà encore, et je réponds! En vérité, cela passe la raillerie[1] *(Haut.)* Adieu.

DORANTE. — Achevons donc ce que nous voulions dire.

120 SILVIA. — Adieu, te dis-je; plus de quartier[2]. Quand ton maître sera venu, je tâcherai, en faveur de ma maîtresse, de le connaître par moi-même, s'il en vaut la peine. En attendant, tu vois cet appartement, c'est le vôtre.

DORANTE. — Tiens, voici mon maître. **(44) (45)**

SCÈNE VIII. — DORANTE, SILVIA, ARLEQUIN.

ARLEQUIN. — Ah! te voilà, Bourguignon! Mon porte-manteau[3] et toi, avez-vous été bien reçus ici?

---

1. *Cela passe la raillerie :* cela dépasse la raillerie, cela est plus que ridicule; 2. Plus de grâce (le *quartier* est à l'origine la vie sauve qu'on laisse aux vaincus); 3. *Porte-manteau :* valise de tissu contenant des vêtements; c'est aussi l'homme qui porte cette valise. C'est ici le deuxième sens qu'il faut plutôt choisir : Arlequin parle du crocheteur qui accompagnait Dorante.

QUESTIONS

44. Montrez que l'arrivée inopinée d'Arlequin est en fait habilement préparée.

45. SUR L'ENSEMBLE DE LA SCÈNE VII. — Dorante et Silvia croyant avoir affaire l'un à la servante, l'autre au valet, quel devrait être le sujet de leur conversation? Pourquoi, dès le début, leur entretien s'engage-t-il sur une autre voie? Quels incidents de la scène précédente ont facilité la familiarité entre Dorante et Silvia?

— Analysez les mouvements et la composition de la scène : quel sentiment attire chacun des personnages vers l'autre, quel sentiment les retient? Montrez que ces deux sentiments justifient les progrès, puis les arrêts et les rebondissements du dialogue sentimental.

— A la fin de la scène, quelle est la situation? Est-il plus important que chacun des deux personnages ait laissé entrevoir ses sentiments à l'autre, ou qu'ils en aient pris eux-mêmes conscience?

— Le ton de ce dialogue : en quoi cette conversation reste-t-elle dans le style « amical »? Étudiez l'art de la conversation chez Dorante et chez Silvia : montrez comment le dialogue rebondit le plus souvent à partir d'un mot. Peut-on, à partir de cette scène, donner une définition du marivaudage?

— Quels traits de caractère rendent les deux personnages sympathiques? N'y a-t-il pas cependant un peu de vanité chez l'un et de la coquetterie féminine chez l'autre?

— Quelle saveur particulière le double déguisement, connu des spectateurs, donne-t-il à la scène? Comment le public participe-t-il au quiproquo? Peut-il douter du dénouement?

DORANTE. — Il n'était pas possible qu'on nous reçût mal, monsieur.

5 ARLEQUIN. — Un domestique là-bas m'a dit d'entrer ici, et qu'on allait avertir mon beau-père qui était avec ma femme.

SILVIA. — Vous voulez dire monsieur Orgon et sa fille, sans doute, monsieur?

ARLEQUIN. — Eh! oui, mon beau-père et ma femme, autant 10 vaut[1]. Je viens pour épouser, et ils m'attendent pour être mariés; cela est convenu; il ne manque plus que la cérémonie, qui est une bagatelle. **(46)**

SILVIA. — C'est une bagatelle qui vaut bien la peine qu'on y pense.

15 ARLEQUIN. — Oui, mais quand on y a pensé, on n'y pense plus.

SILVIA, *bas à Dorante.* — Bourguignon, on est homme de mérite* à bon marché chez vous, ce me semble? **(47)**

ARLEQUIN. — Que dites-vous là à mon valet, la belle?

20 SILVIA. — Rien, je lui dis seulement que je vais faire descendre monsieur Orgon.

ARLEQUIN. — Et pourquoi ne pas dire mon beau-père, comme moi?

SILVIA. — C'est qu'il ne l'est pas encore.

25 DORANTE. — Elle a raison, monsieur, le mariage n'est pas fait.

ARLEQUIN. — Eh bien, me voilà pour le faire.

DORANTE. — Attendez donc qu'il soit fait.

ARLEQUIN. — Pardi! voilà bien des façons pour un beau- 30 père de la veille ou du lendemain.

SILVIA. — En effet, quelle si grande différence y a-t-il entre être mariée ou ne l'être pas? Oui, monsieur, nous avons tort, et je cours informer votre beau-père de votre arrivée. **(48)**

---

1. Les mots se valent, c'est la même chose.

QUESTIONS

46. Arlequin semble-t-il à l'aise dans son déguisement? Comment joue-t-il son rôle? A voir la manière dont il s'exprime, peut-on deviner l'image qu'il se fait des maîtres?

47. Cet aparté de Silvia à Dorante est-il parfaitement innocent?

48. Pourquoi Dorante intervient-il dans le même sens que Silvia pour contredire Arlequin? Silvia n'est-elle pas sur le point d'oublier son rôle?

ARLEQUIN. — Et ma femme aussi, je vous prie. Mais avant
35 que de partir, dites-moi une chose; vous qui êtes si jolie, n'êtes-vous pas la soubrette[1] de l'hôtel[2]?

SILVIA. — Vous l'avez dit.

ARLEQUIN. — C'est fort bien fait, je m'en réjouis. Croyez-vous que je plaise ici? Comment me trouvez-vous?

40 SILVIA. — Je vous trouve... plaisant.

ARLEQUIN. — Bon, tant mieux! entretenez-vous dans ce sentiment-là; il pourra trouver sa place.

SILVIA. — Vous êtes bien modeste de vous en contenter. Mais je vous quitte; il faut qu'on ait oublié[3] d'avertir votre
45 beau-père, car assurément il serait venu, et j'y vais.

ARLEQUIN. — Dites-lui que je l'attends avec affection. **(49)**

SILVIA, *à part.* — Que le sort est bizarre! aucun de ces deux hommes n'est à sa place. **(50) (51)**

SCÈNE IX. — DORANTE, ARLEQUIN.

ARLEQUIN. — Eh bien, monsieur, mon commencement va bien; je plais* déjà à la soubrette.

---

1. *Soubrette :* voir note 1, I, IV, ligne 42; 2. *Hôtel :* maison particulière d'une certaine importance; 3. On a manifestement oublié...

QUESTIONS

49. Le « double jeu » d'Arlequin dans cette partie de la scène : comment tente-t-il de profiter de sa situation de valet-maître? — Relevez dans les réponses de Silvia ce qui trahit son indignation et son mépris pour celui qu'elle croit être son futur?

50. Dégagez l'importance de cette dernière réplique pour fixer les sentiments de Silvia au moment où elle vient de faire connaissance avec Dorante et avec Arlequin.

51. SUR L'ENSEMBLE DE LA SCÈNE VIII. — La première impression que fait Arlequin; les éléments comiques de son rôle. Montrez l'habileté de Marivaux à doser le ridicule de son personnage, qui doit garder un certain comique lié à son nom même et à son jeu, et cependant pouvoir donner l'illusion qu'il appartient au monde des maîtres.

— Le rythme et la longueur de cette scène comparée à la scène précédente : pourquoi cette entrevue Silvia-Arlequin ne pouvait-elle et ne devait-elle pas se prolonger?

DORANTE. — Butor[1] que tu es!

ARLEQUIN. — Pourquoi donc? mon entrée a été si gentille!

5 DORANTE. — Tu m'avais tant promis de laisser là tes façons de parler sottes et triviales! je t'avais donné de si bonnes instructions! Je ne t'avais recommandé que d'être sérieux. Va, je vois bien que je suis un étourdi de m'en être fié à toi. **(52)**

ARLEQUIN. — Je ferai encore mieux dans les suites; et, 10 puisque le sérieux n'est pas suffisant, je donnerai du mélancolique, je pleurerai, s'il le faut.

DORANTE. — Je ne sais plus où j'en suis; cette aventure-ci m'étourdit*. Que faut-il que je fasse?

ARLEQUIN. — Est-ce que la fille n'est pas plaisante? **(53)**

15 DORANTE. — Tais-toi; voici monsieur Orgon qui vient. **(54)**

SCÈNE X. — MONSIEUR ORGON, DORANTE, ARLEQUIN.

MONSIEUR ORGON. — Mon cher monsieur, je vous demande mille pardons de vous avoir fait attendre; mais ce n'est que de cet instant que j'apprends que vous êtes ici.

ARLEQUIN. — Monsieur, mille pardons! c'est beaucoup trop; 5 et il n'en faut qu'un, quand on n'a fait qu'une faute. Au surplus, tous mes pardons sont à votre service.

MONSIEUR ORGON. — Je tâcherai de n'en avoir pas besoin.

ARLEQUIN. — Vous êtes le maître, et moi, votre serviteur.

---

1. *Butor* : homme stupide, grossier et maladroit.

QUESTIONS

52. Dorante a-t-il raison de faire tant de reproches à Arlequin? La maladresse de celui-ci est-elle la véritable cause de sa mauvaise humeur?

53. Arlequin paraît-il devoir apporter une aide efficace à son maître? Pourrait-il être un nouveau Scapin?

54. SUR L'ENSEMBLE DE LA SCÈNE IX. — Comment se complète ici l'image d'Arlequin? Notez les changements de ton dans son rôle et imaginez le comique des gestes et des attitudes qui accompagne chacune de ses répliques.

— Les deux attitudes de Dorante au cours de la scène : en quoi se contredisent-elles? — Comparez le comportement d'Arlequin avec celui de Dorante : quelle sorte de comique en résulte?

MONSIEUR ORGON. — Je suis, je vous assure, charmé* de
10 vous voir, et je vous attendais avec impatience.

ARLEQUIN. — Je serais d'abord venu ici avec Bourguignon; mais quand on arrive de voyage, vous savez qu'on est si mal bâti[1]! et j'étais bien aise de me présenter dans un état plus ragoûtant[2].

15 MONSIEUR ORGON. — Vous y avez fort bien réussi. Ma fille s'habille; elle a été un peu indisposée; en attendant qu'elle descende, voulez-vous vous rafraîchir?

ARLEQUIN. — Oh! je n'ai jamais refusé de trinquer avec personne.

20 MONSIEUR ORGON. — Bourguignon, ayez soin de vous, mon garçon.

ARLEQUIN. — Le gaillard est gourmet, il boira du meilleur.

MONSIEUR ORGON. — Qu'il ne l'épargne pas. **(55) (56)**

---

1. *Mal bâti :* qui a des vêtements défraîchis; 2. *Ragoûtant :* agréable à voir (mot vieilli et paysan, qui ne subsiste dans la langue familière actuelle qu'accompagné d'un adverbe à sens négatif).

QUESTIONS

55. SUR LA SCÈNE X. — Arlequin suit-il le conseil de Dorante, qui lui avait demandé d'être *sérieux?* — Relevez dans cette scène les traits de comique burlesque.

— D'après les trois dernières scènes, étudiez le personnage d'Arlequin : est-il aussi individualisé que Silvia, Dorante et Lisette? N'est-il qu'un amuseur, chargé de faire rire en toutes circonstances par ses lazzi (fidélité à la tradition italienne)? Montrez que Marivaux a donné une certaine vérité psychologique au personnage, sans sacrifier pour cela son emploi traditionnel.

56. SUR L'ENSEMBLE DE L'ACTE PREMIER. — Étudiez la construction de l'acte premier : quels sont les trois étapes essentielles de l'action? Le rythme des scènes est-il le même dans les différents moments? — Quel est en particulier le rôle des trois dernières scènes? Pour quelle raison Marivaux a-t-il évité de faire se rencontrer Dorante et Lisette?

— Les suites de l'exposition : comment Marivaux a-t-il donné le plus de clarté possible à une situation particulièrement compliquée?

— Le dénouement de l'intrigue étant évident dès la scène IV (sinon la première) pour le spectateur, analysez, d'après l'état où en sont les choses à la fin du premier acte, ce qui sépare ce moment de la conclusion et ce que l'on attend pour la suite.

— Y a-t-il dans ce premier acte une ou plusieurs manières de Marivaux? Quelles caractéristiques donner de son comique? Comment est-il adapté aux personnages? au sujet?

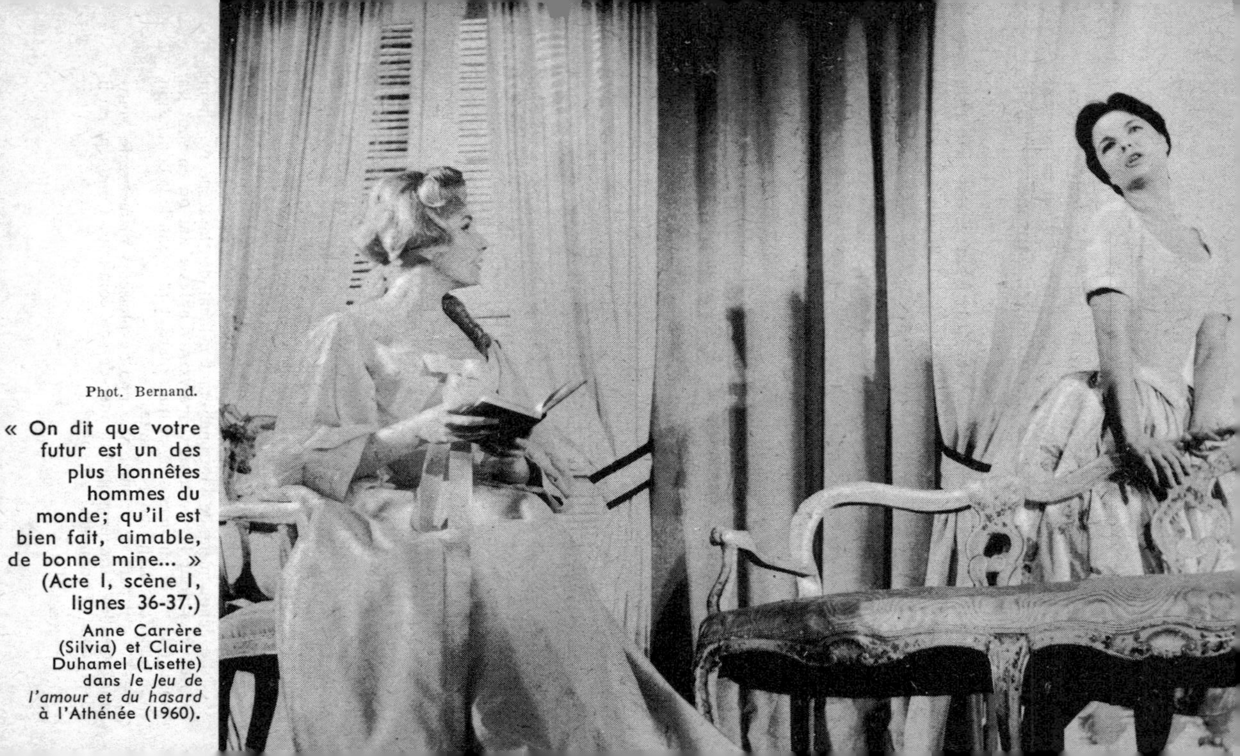

Phot. Bernand.

« On dit que votre futur est un des plus honnêtes hommes du monde; qu'il est bien fait, aimable, de bonne mine... » (Acte I, scène I, lignes 36-37.)

Anne Carrère (Silvia) et Claire Duhamel (Lisette) dans *le Jeu de l'amour et du hasard* à l'Athénée (1960).

Phot. Bernand.

« J'aimerais mieux qu'il me fût permis de te demander ton cœur, que d'avoir tous les biens du monde. » (Acte I, scène VII, lignes 75-77.)

Anne Carrère (Silvia) et André Oumansky (Dorante) dans *le Jeu de l'amour et du hasard* à l'Athénée (1960).

ACTE II

SCÈNE PREMIÈRE. — LISETTE, MONSIEUR ORGON.

MONSIEUR ORGON. — Eh bien, que me veux-tu, Lisette?

LISETTE. — J'ai à vous entretenir un moment.

MONSIEUR ORGON. — De quoi s'agit-il?

LISETTE. — De vous dire l'état où sont les choses, parce
5 qu'il est important que vous en soyez éclairci, afin que vous
n'ayez point à vous plaindre de moi.

MONSIEUR ORGON. — Ceci est donc bien sérieux?

LISETTE. — Oui, très sérieux. Vous avez consenti au déguisement de Mademoiselle Silvia; moi-même je l'ai trouvé d'abord
10 sans conséquence, mais je me suis trompée.

MONSIEUR ORGON. — Et de quelle conséquence est-il donc?

LISETTE. — Monsieur, on a de la peine à se louer soi-même;
mais malgré toutes les règles de la modestie, il faut pourtant
que je vous dise que, si vous ne mettez ordre à ce qui arrive,
15 votre prétendu n'aura plus de cœur à donner à Mademoiselle
votre fille. Il est temps qu'elle se déclare[1], cela presse; car
un jour plus tard, je n'en réponds plus.

MONSIEUR ORGON. — Eh! d'où vient qu'il ne voudra plus
de ma fille, quand il la connaîtra[2]? Te défies-tu de ses charmes*?

20 LISETTE. — Non; mais vous ne vous méfiez pas assez des
miens. Je vous avertis qu'ils vont leur train, et je ne vous conseille
pas de les laisser faire.

MONSIEUR ORGON. — Je vous en fais mes compliments,
Lisette. *(Il rit.)* Ah! ah! ah! **(1)**

25 LISETTE. — Nous y voilà; vous plaisantez, monsieur, vous
vous moquez de moi; j'en suis fâchée, car vous y serez pris[3].

---

1. *Se déclarer :* se faire connaître sous sa véritable identité; **2.** *Connaître :* ici, reconnaître, connaître la véritable identité; **3.** *Prendre :* ici, prendre pour dupe, tromper.

QUESTIONS

1. Que s'est-il passé depuis la fin du premier acte? Est-il aisé de le deviner? A-t-il fallu beaucoup de temps pour que les choses prennent un tour aussi pressant? — Étudiez le style de Lisette : pourquoi dramatise-t-elle l'événement? A quoi voit-on son embarras? Ne s'y mêle-t-il pas aussi un peu de vanité?

MONSIEUR ORGON. — Ne t'en embarrasse pas, Lisette; va ton chemin.

LISETTE. — Je vous le répète encore, le cœur de Dorante
30 va bien vite. Tenez, actuellement, je lui plais* beaucoup; ce soir, il m'aimera; il m'adorera* demain. Je ne le mérite pas, il[1] est de mauvais goût, vous en direz ce qu'il vous plaira, mais cela ne laissera pas que d'être[2]. Voyez-vous? demain je me garantis adorée*.

35 MONSIEUR ORGON. — Eh bien, que vous importe? S'il vous aime tant, qu'il vous épouse! **(2)**

LISETTE. — Quoi! vous ne l'en empêcheriez pas?

MONSIEUR ORGON. — Non, d'homme d'honneur[3], si tu le mènes jusque-là.

40 LISETTE. — Monsieur, prenez-y garde. Jusqu'ici je n'ai pas aidé à[4] mes appas*, je les ai laissés faire tout seuls, j'ai ménagé sa tête : si je m'en mêle, je la renverse; il n'y aura plus de remède.

MONSIEUR ORGON. — Renverse, ravage, brûle, enfin épouse,
45 je te le permets, si tu le peux.

LISETTE. — Sur ce pied-là[5] je compte ma fortune faite. **(3)**

MONSIEUR ORGON. — Mais dis-moi : ma fille t'a-t-elle parlé? Que pense-t-elle de son prétendu?

---

1. Cela (le fait qu'il m'aimera et m'adorera demain...) est de mauvais goût. Cet emploi vieilli de *il*, au XVIIIe siècle, survit chez Marivaux; **2.** Cela ne manquera pas d'arriver; **3.** J'en donne ma parole d'homme d'honneur : il faut supposer sous-entendre le mot *foi* dans le sens de « parole donnée »; **4.** Emploi de *aider à...*, où nous emploierions *aider;* en langue moderne, *aider* est transitif direct avec un complément de personne, et transitif indirect seulement lorsque son complément est une chose ou une idée. De plus, les *appas* sont personnifiés (style précieux); **5.** Dans ces conditions-là.

QUESTIONS

2. Analysez le comique de situation à ce moment : ne pourrait-on y trouver de la cruauté? — Étudiez la parodie du jargon précieux chez Lisette : pourquoi parle-t-elle ainsi à ce moment?

3. Analysez le mélange d'esprit romanesque et de bon sens dans les dernières répliques de Lisette.

LISETTE. — Nous n'avons encore guère trouvé le moment
50 de nous parler, car ce prétendu m'obsède[1]; mais à vue de pays[2], je ne la crois pas contente, je la trouve triste, rêveuse, et je m'attends bien qu'elle me priera de le rebuter.

MONSIEUR ORGON. — Et moi, je te le défends. J'évite de m'expliquer avec elle : j'ai mes raisons pour faire durer ce
55 déguisement; je veux qu'elle examine son futur plus à loisir. Mais le valet, comment se gouverne-t-il[3]? ne se mêle-t-il pas d'aimer ma fille?

LISETTE. — C'est un original[4], j'ai remarqué qu'il fait l'homme de conséquence[5] avec elle, parce qu'il est bien fait; il la regarde
60 et soupire.

MONSIEUR ORGON. — Et cela la fâche?

LISETTE. — Mais... elle rougit.

MONSIEUR ORGON. — Bon! tu te trompes; les regards d'un valet ne l'embarrassent pas jusque-là.

65 LISETTE. — Monsieur, elle rougit.

MONSIEUR ORGON. — C'est donc d'indignation.

LISETTE. — A la bonne heure! **(4)**

MONSIEUR ORGON. — Eh bien, quand tu lui parleras, dis-lui que tu soupçonnes ce valet de la prévenir[6] contre son maître,
70 et si elle se fâche, ne t'en inquiète point, ce sont mes affaires. Mais voici Dorante qui te cherche apparemment. **(5)**

---

1. *Obséder :* entourer assidûment, dans la nuance d'importuner; **2.** A première vue; **3.** *Se gouverner :* se conduire (ce sens, figuré, ne s'emploie plus à la forme pronominale); **4.** *Un original :* un extravagant, un excentrique (terme qui reste légèrement péjoratif au XVIIIe siècle); **5.** L'homme important; **6.** *Prévenir :* faire naître des prétentions dans l'esprit de quelqu'un, l'influencer préalablement contre quelque chose.

QUESTIONS

4. Les détails que donne Lisette sur Dorante et Silvia sont-ils bien observés? Pourquoi ne peut-elle voir plus loin? — Le spectateur peut-il constater d'après les propos de Lisette quelque progrès dans l'intrigue amoureuse entre Dorante et Silvia?

5. SUR L'ENSEMBLE DE LA SCÈNE PREMIÈRE. — Comparez l'amour des valets et l'amour des maîtres d'après ce qu'en dit Lisette dans cette scène.

— Étudiez l'importance de cette scène pour l'action : quel personnage joue ici un rôle décisif?

— L'évolution de l'attitude de M. Orgon par rapport à l'acte premier : montrez qu'elle est nécessaire d'un point de vue psychologique et dramatique.

— Les deux aspects du personnage de Lisette : la soubrette confidente, qui sert à l'action, et la servante travestie, qui participe à l'action. Comment interfèrent-ils?

— Le caractère de Lisette : appréciez sa droiture et son honnêteté.

SCÈNE II. — LISETTE, ARLEQUIN MONSIEUR ORGON.

ARLEQUIN. — Ah! je vous retrouve, merveilleuse[1] dame; je vous demandais à tout le monde. Serviteur[2], cher beau-père, ou peu s'en faut.

MONSIEUR ORGON. — Serviteur. Adieu, mes enfants, je vous
5 laisse ensemble; il est bon que vous vous aimiez un peu avant de vous marier.

ARLEQUIN. — Je ferais bien ces deux besognes-là à la fois, moi.

MONSIEUR ORGON. — Point d'impatience, adieu. **(6)**

SCÈNE III. — LISETTE, ARLEQUIN.

ARLEQUIN. — Madame, il dit que[3] je ne m'impatiente pas; il en parle bien à son aise, le bonhomme[4]!

LISETTE. — J'ai de la peine à croire qu'il vous en coûte tant d'attendre, monsieur; c'est par galanterie* que vous faites[5]
5 l'impatient, à peine êtes-vous arrivé! Votre amour ne saurait être bien fort, ce n'est tout au plus qu'un amour naissant.

ARLEQUIN. — Vous vous trompez, prodige de nos jours; un amour de votre façon[6] ne reste pas longtemps au berceau; votre premier coup d'œil a fait naître le mien, le second lui a
10 donné des forces et le troisième l'a rendu grand garçon; tâchons de l'établir[7] au plus vite; ayez soin de lui puisque vous êtes sa mère.

---

1. Ce mot, qu'Arlequin croit fort élogieux, commençait à s'employer ironiquement, en parlant d'une femme affectée : « une merveilleuse »; 2. *Serviteur :* formule elliptique pour « Je suis votre serviteur »; sous cette forme, c'est une politesse un peu cavalière (pour un emploi ironique de ce mot, voir I, x, ligne 8); 3. *Dire que :* expression de l'ordre avec subjonctif dans la complétive; 4. *Bonhomme :* brave homme (moins familier qu'aujourd'hui) ou vieillard (ce sens décroît à la fin du XVIIe siècle). C'est plutôt en ce second sens qu'Arlequin prend le mot; 5. *Faire* suivi d'un adjectif substantivé : « affecter de paraître tel ou tel »; 6. *De votre façon :* auquel vous avez donné forme; 7. *Etablir :* procurer une situation sociale, en particulier marier.

QUESTIONS

6. SUR LA SCÈNE II. — Notez le brusque changement de ton dès l'arrivée d'Arlequin et l'effet de surprise qu'elle entraîne. Était-ce le personnage attendu?

LISETTE. — Trouvez-vous qu'on le maltraite? Est-il si abandonné?

15 ARLEQUIN. — En attendant qu'il soit pourvu, donnez-lui seulement votre belle main blanche, pour l'amuser[1] un peu.

LISETTE. — Tenez donc, petit importun, puisqu'on ne saurait avoir la paix qu'en vous amusant.

ARLEQUIN, *en lui baisant la main.* — Cher joujou de mon 20 âme! cela me réjouit comme du vin délicieux. Quel dommage de n'en avoir que roquille[2].

LISETTE. — Allons, arrêtez-vous, vous êtes trop avide.

ARLEQUIN. — Je ne demande qu'à me soutenir, en attendant que je vive.

25 LISETTE. — Ne faut-il pas avoir de la raison?

ARLEQUIN. — De la raison! hélas! je l'ai perdue; vos beaux yeux sont les filous qui me l'ont volée.

LISETTE. — Mais est-il possible que vous m'aimiez tant? je ne saurais me le persuader.

30 ARLEQUIN. — Je ne me soucie pas de ce qui est possible, moi; mais je vous aime comme un perdu[3], et vous verrez bien dans votre miroir que cela est juste.

---

1. *Amuser :* distraire, faire passer le temps; 2. *Roquille :* la plus petite des anciennes mesures de vin (un quart de litre); 3. *Comme un perdu :* comme un homme dont la tête est perdue, comme un fou.

QUESTIONS

7. La situation dans cette scène : en quoi rappelle-t-elle celle de Mascarille dans *les Précieuses ridicules;* mais avec quelle différence? N'y a-t-il pas dans les propos de Lisette et d'Arlequin certains faits qui rappellent précisément la parodie burlesque du style précieux telle qu'elle se trouvait dans la scène des *Précieuses ridicules*, mais aussi dans la scène II de l'acte III des *Femmes savantes?*

8. SUR LA SCÈNE III. — Étudiez l'art du dialogue : montrez comment il rebondit à partir d'un mot repris par chaque interlocuteur. Comparez de ce point de vue cette scène à la scène VII de l'acte premier : montrez que le procédé est le même, mais sur un ton différent. La parodie que Marivaux semble faire ici de son propre style permet-elle de mieux saisir le mécanisme du « marivaudage »?

— L'entretien galant chez les valets : montrez que Lisette prononce par coquetterie et par intérêt les paroles les plus convenables et les plus justes dans sa situation de servante travestie devant celui qu'elle prend pour un maître. Quelle est, par comparaison, l'attitude d'Arlequin?

— Montrez que cette scène crée entre les deux valets une harmonie tout à fait semblable à celle que la scène VII de l'acte premier avait créée entre Dorante et Silvia.

LISETTE. — Mon miroir ne servirait qu'à me rendre plus incrédule.

35 ARLEQUIN. — Ah! mignonne adorable! votre humilité ne serait donc qu'une hypocrite! **(7)**

LISETTE. — Quelqu'un vient à nous; c'est votre valet. **(8)**

SCÈNE IV. — DORANTE, ARLEQUIN, LISETTE.

DORANTE. — Monsieur, pourrais-je vous entretenir un moment?

ARLEQUIN. — Non; maudite soit la valetaille[1] qui ne saurait nous laisser en repos!

5 LISETTE. — Voyez ce qu'il nous veut, monsieur.

DORANTE. — Je n'ai qu'un mot à vous dire.

ARLEQUIN. — Madame, s'il en dit deux, son congé sera le troisième. Voyons.

DORANTE, *bas à Arlequin.* — Viens donc, impertinent[2].

10 ARLEQUIN, *bas à Dorante.* — Ce sont des injures, et non pas des mots, cela... *(A Lisette.)* Ma reine, excusez.

LISETTE. — Faites, faites.

DORANTE, *bas.* — Débarrasse-moi de tout ceci; ne te livre point; parais sérieux et rêveur, et même mécontent; entends-tu?

15 ARLEQUIN. — Oui, mon ami; ne vous inquiétez pas, et retirez-vous. **(9)**

---

1. *Valetaille :* l'ensemble des valets (mot de sens collectif et péjoratif). Effet comique, puisqu'il n'y a ici qu'un seul valet, et encore est-il un faux valet; **2.** Jeu de scène indiqué par une note du XVIIIe siècle : l'acteur qui joue le personnage de Dorante donne un coup de pied dans le derrière de son valet pendant que Lisette ne le voit pas.

QUESTIONS

9. SUR LA SCÈNE IV. — Analysez le comique de situation ici : Dorante peut-il se prévaloir de sa situation de maître?

— Notez les éléments bouffons de cet épisode (jeux de scène [voir note 2], jeux de mots).

— Par quels moyens Marivaux rappelle-t-il qu'Arlequin n'est qu'un valet? Quel est l'effet produit par ce rappel?

— L'état d'esprit de Dorante : d'où vient son agacement? Comparez ses recommandations à celles qu'il a déjà faites acte premier, scène IX.

SCÈNE V. — ARLEQUIN, LISETTE.

ARLEQUIN. — Ah! madame, sans lui j'allais vous dire de belles choses, et je n'en trouverai plus que de communes à cette heure, hormis mon amour qui est extraordinaire. Mais, à propos de mon amour, quand est-ce que le vôtre lui tiendra
5 compagnie? **(10)**

LISETTE. — Il faut espérer que cela viendra.

ARLEQUIN. — Et croyez-vous que cela vienne bientôt?

LISETTE. — La question est vive[1]; savez-vous bien que vous m'embarrassez?

10 ARLEQUIN. — Que voulez-vous? Je brûle et je crie au feu.

LISETTE. — S'il m'était permis de m'expliquer si vite...

ARLEQUIN. — Je suis du sentiment que vous le pouvez en conscience[2].

LISETTE. — La retenue[3] de mon sexe ne le veut pas.

15 ARLEQUIN. — Ce n'est donc pas la retenue d'à présent qui donne bien d'autres permissions.

LISETTE. — Mais que me demandez-vous?

ARLEQUIN. — Dites-moi un petit brin que vous m'aimez. Tenez, je vous aime, moi; faites l'écho, répétez, princesse.

20 LISETTE. — Quel insatiable! Eh bien, monsieur, je vous aime. **(11)**

ARLEQUIN. — Eh bien, madame, je me meurs; mon bonheur me confond, j'ai peur d'en courir les champs[4]. Vous m'aimez! cela est admirable!

---

1. La question est importante ou brusque. Les deux sens peuvent d'ailleurs se surimposer l'un à l'autre; **2.** *En conscience :* en toute conscience, avec une totale franchise; **3.** *Retenue :* réserve, pudeur; **4.** *Courir les champs :* battre la campagne, devenir fou (image assez triviale).

QUESTIONS

10. Le dialogue reprend-il sur le même ton qu'à la scène III? Pourquoi ce changement? L'importance de l'adjectif *extraordinaire :* à quels mots utilisés par Dorante et Silvia à la scène VII du premier acte fait-il écho?

11. Analysez le style de cette partie du dialogue : montrez qu'il y a une sorte de discordance entre les sentiments que voudrait exprimer chaque personnage et la manière dont il les exprime. L'empressement d'Arlequin, la retenue de Lisette sonnent un peu faux : pourquoi? Quel sentiment éprouvent-ils l'un et l'autre quand ils arrivent à un aveu mutuel?

25 LISETTE. — J'aurais lieu à mon tour d'être étonnée de la promptitude de votre hommage. Peut-être m'aimerez-vous moins quand nous nous connaîtrons mieux.

ARLEQUIN. — Ah! madame, quand nous en serons là, j'y perdrai beaucoup; il y aura bien à décompter[1].

30 LISETTE. — Vous me croyez plus de qualités que je n'en ai.

ARLEQUIN. — Et vous, madame, vous ne savez pas les miennes, et je ne devrais vous parler qu'à genoux.

LISETTE. — Souvenez-vous qu'on n'est pas les maîtres de son sort.

35 ARLEQUIN. — Les pères et mères font tout à leur tête. **(12)**

LISETTE. — Pour moi, mon cœur vous aurait choisi, dans quelque état[2] que vous eussiez été.

ARLEQUIN. — Il a beau jeu pour me choisir encore.

LISETTE. — Puis-je me flatter que vous soyez de même à
40 mon égard?

ARLEQUIN. — Hélas! quand vous ne seriez que Perrette ou Margot, quand je vous aurais vue, le martinet[3] à la main, descendre à la cave, vous auriez toujours été ma princesse.

LISETTE. — Puissent de si beaux sentiments être durables!

45 ARLEQUIN. — Pour les fortifier de part et d'autre, jurons-nous de nous aimer toujours, en dépit de toutes les *fautes d'orthographe*[4] que vous aurez faites sur mon compte.

LISETTE. — J'ai plus d'intérêt à ce serment-là que vous, et je le fais de tout mon cœur.

---

1. *Décompter* : rabattre une certaine somme d'un compte; mais aussi, au figuré, rabattre de ce que l'on pensait; 2. *Etat* : situation; 3. *Martinet* : petit chandelier plat; 4. Le sens le plus satisfaisant pour cette expression est « erreur d'appréciation », « faute de jugement » (bien que Littré donne « Ecart, infraction à la fidélité en amour ou en mariage » avec, comme seul exemple, ce passage).

QUESTIONS

12. Qui des deux personnages semble le plus pressé de sortir de l'équivoque où il est placé? Comment, cependant, le double quiproquo peut-il se maintenir? — Comparez tout ce passage, et en particulier la dernière réplique, à la scène VII de l'acte premier : ressemblances et différences. A quoi voit-on que Dorante et Silvia trouvaient ces rôles inférieurs à leur condition? Comment Arlequin et Lisette jouent-ils le rôle des maîtres?

50 ARLEQUIN, *se met à genoux.* — Votre bonté m'éblouit et je me prosterne devant elle. **(13)**

LISETTE. — Arrêtez-vous, je ne saurais vous souffrir dans cette posture-là, je serais ridicule de vous y laisser; levez-vous. Voilà encore quelqu'un. **(14)**

SCÈNE VI. — LISETTE, ARLEQUIN, SILVIA.

LISETTE. — Que voulez-vous, Lisette?

SILVIA. — J'aurais à vous parler, madame.

ARLEQUIN. — Ne voilà-t-il pas[1]! Eh! m'amie[2], revenez dans un quart d'heure, allez, les femmes de chambre de mon 5 pays n'entrent point qu'on ne les appelle[3].

SILVIA. — Monsieur, il faut que je parle à madame.

ARLEQUIN. — Mais voyez l'opiniâtre soubrette! Reine de ma vie, renvoyez-la. Retournez-vous-en, ma fille. Nous avons ordre de nous aimer avant qu'on nous marie; n'interrompez 10 point nos fonctions.

1. *Ne voilà-t-il pas! :* exclamation de surprise et d'impatience, équivalant à « encore! »; 2. *M'amie :* expression de la vieille langue restée dans la langue populaire du XVIIIe siècle; 3. Sans qu'on les appelle.

QUESTIONS

13. Dorante et Silvia n'avaient-ils pas eux aussi été sur le point de constater que l'amour est plus fort que l'inégalité sociale? Est-ce sur le même ton que les deux serviteurs découvrent cette même vérité? Quelles garanties cherchent-ils à obtenir mutuellement? La valeur comique de la réplique d'Arlequin, lignes 41-43 : comment Marivaux pousse-t-il ici à l'extrême limite le comique de la situation?

14. SUR L'ENSEMBLE DE LA SCÈNE V. — Étudiez la progression de la scène III à la scène V : à quel moment Marivaux coupe-t-il le duo d'amour entre le valet et la suivante?
— A quoi tient le comique des efforts d'Arlequin et de Lisette pour se révéler leur véritable identité? Est-il important, sur le plan moral, que les deux personnages semblent souhaiter de quitter le masque? Peut-on les accuser d'hypocrisie?
— Comparez par son mouvement cette scène à la scène VII de l'acte premier; montrez le parallélisme de situations et l'art avec lequel Marivaux joue avec le déguisement de ses personnages; n'a-t-on pas, par moments, l'impression que tout va se dénouer immédiatement?
— Le sentiment de l'amour est-il moins délicat chez les domestiques que chez les maîtres? Pourquoi l'harmonie s'établit-elle immédiatement entre Lisette et Arlequin, comme entre Dorante et Silvia?

LISETTE. — Ne pouvez-vous pas revenir dans un moment, Lisette?

SILVIA. — Mais, madame...

ARLEQUIN. — Mais! ce mais-là n'est bon qu'à me donner
15 la fièvre.

SILVIA, *à part.* — Ah! le vilain homme! *(Haut.)* Madame, je vous assure que cela est pressé.

LISETTE. — Permettez donc que je m'en défasse, monsieur.

ARLEQUIN. — Puisque le diable le veut, et elle aussi...
20 patience... je me promènerai en attendant qu'elle ait fait[1]. Ah! les sottes gens que nos gens[2]! **(15)**

SCÈNE VII. — SILVIA, LISETTE.

SILVIA. — Je vous trouve admirable de ne pas le renvoyer tout d'un coup et de me faire essuyer les brutalités[3] de cet animal-là[4]. **(16)**

LISETTE. — Pardi! madame, je ne puis pas jouer deux rôles
5 à la fois; il faut que je paraisse ou la maîtresse ou la suivante, que j'obéisse ou que j'ordonne.

SILVIA. — Fort bien; mais puisqu'il n'y est plus, écoutez-moi comme votre maîtresse : vous voyez bien que cet homme-là ne me convient point.

---

1. *Faire :* finir, achever; 2. *Gens :* domestiques; 3. *Brutalités :* grossièretés; 4. *Animal :* créature, être vivant; le terme glisse ici au sens injurieux de « personne bête et stupide »; la valeur péjorative est précisée par le démonstratif *cet... là.*

QUESTIONS

15. SUR LA SCÈNE VI. — Quel effet comique cette scène produit-elle après la scène IV? Quel rôle jouent ces deux scènes?

— Étudiez l'évolution psychologique d'Arlequin par rapport à la scène IV. Dressez le portrait d'Arlequin « nouveau maître » (ton, attitude, etc.).

— Les rapports de Silvia et d'Arlequin dans cette scène, comparée aux scènes VIII et IX de l'acte premier. Faut-il reprocher à Arlequin d'avoir à l'égard de celle qu'il prend pour une servante une insolence qui était au contraire comique quand il s'adressait (scène IV) à son maître Dorante?

16. Depuis la scène VI de l'acte premier (arrivée de Dorante) est-on sorti souvent de la comédie du déguisement pour retrouver les personnages sous leur véritable identité? — Expliquez la violence de Silvia. Ne s'agit-il que de l'aversion qu'elle éprouve pour Arlequin, futur mari?

10 LISETTE. — Vous n'avez pas eu le temps de l'examiner beaucoup.

SILVIA. — Êtes-vous folle avec votre examen? Est-il nécessaire de le voir deux fois pour juger du peu de convenance? En un mot, je n'en veux point. Apparemment que mon père 15 n'approuve pas la répugnance qu'il me voit, car il me fuit et ne dit mot. Dans cette conjoncture, c'est à vous à me tirer tout doucement d'affaire, en témoignant adroitement à ce jeune homme que vous n'êtes pas dans le goût* de l'épouser.

LISETTE. — Je ne saurais, madame. **(17)**

20 SILVIA. — Vous ne sauriez? Et qu'est-ce qui vous en empêche?

LISETTE. — Monsieur Orgon me l'a défendu.

SILVIA. — Il vous l'a défendu! Mais je ne reconnais point mon père à ce procédé-là.

LISETTE. — Positivement défendu.

25 SILVIA. — Eh bien, je vous charge de lui dire mes dégoûts et de l'assurer qu'ils sont invincibles; je ne saurais me persuader qu'après cela il veuille pousser les choses plus loin. **(18)**

LISETTE. — Mais, madame, le futur, qu'a-t-il donc de si désagréable, de si rebutant[1]?

30 SILVIA. — Il me déplaît, vous dis-je, et votre peu de zèle aussi.

LISETTE. — Donnez-vous le temps de voir ce qu'il est, voilà tout ce qu'on vous demande. **(19)**

SILVIA. — Je le hais assez sans prendre du temps pour le 35 haïr davantage.

1. *Rebutant :* déplaisant, appliqué à une personne; le mot est d'un emploi assez nouveau.

QUESTIONS

17. D'où vient que l'agacement de Silvia va en s'accentuant? En quoi la logique de Lisette la blesse-t-elle? — Silvia a-t-elle volontiers recours aux services de Lisette (lignes 16-18)? De quelle façon Silvia essaie-t-elle de marquer sa supériorité sur sa suivante? — Expliquez le double sens de *Je ne saurais* (ligne 19).

18. Lisette dit-elle la vérité en affirmant que M. Orgon lui a défendu de rompre son intrigue avec Arlequin? A quelle scène fait-elle allusion? — Pourquoi Silvia charge-t-elle Lisette de son message pour M. Orgon au lieu d'aller trouver elle-même son père?

19. Pourquoi Lisette prend-elle la défense d'Arlequin? Est-ce simplement par obéissance à M. Orgon? Commentez le *on* (ligne 33).

LISETTE. — Son valet, qui fait l'important, ne vous aurait-il point gâté l'esprit sur son compte?

SILVIA. — Hum! la sotte! son valet a bien affaire ici!

LISETTE. — C'est que je me méfie de lui, car il est raisonneur[1].

40 SILVIA. — Finissez vos portraits, on n'en a que faire. J'ai soin que ce valet me parle peu, et dans le peu qu'il m'a dit, il ne m'a jamais rien dit que de très sage.

LISETTE. — Je crois qu'il est homme à vous avoir conté des histoires maladroites pour faire briller son bel esprit*.

45 SILVIA. — Mon déguisement ne m'expose-t-il pas à m'entendre dire de jolies* choses! A qui en avez-vous? D'où vous vient la manie d'imputer à ce garçon une répugnance à laquelle il n'a point de part? Car enfin, vous m'obligez à le justifier, il n'est pas question de le brouiller avec son maître, ni d'en 50 faire un fourbe, pour me faire, moi, une imbécile, qui écoute ses histoires. **(20)**

LISETTE. — Oh! madame, dès que[2] vous le défendez sur ce ton-là, et que cela va jusqu'à vous fâcher, je n'ai plus rien à dire.

55 SILVIA. — Dès que je le défends sur ce ton-là! Qu'est-ce que c'est que le ton dont vous dites cela vous-même? Qu'entendez-vous par ce discours? Que se passe-t-il dans votre esprit?

LISETTE. — Je dis, madame, que je ne vous ai jamais vue comme vous êtes et que je ne conçois rien à votre aigreur[3]. 60 Eh bien, si ce valet n'a rien dit, à la bonne heure; il ne faut pas vous emporter pour le justifier, je vous crois, voilà qui est fini, je ne m'oppose pas à la bonne opinion que vous en avez, moi.

---

1. *Raisonneur :* beau parleur; 2. *Dès que :* puisque; 3. *Aigreur :* animosité, disposition d'esprit qui se traduit en paroles piquantes.

QUESTIONS

20. Montrez que Silvia, agacée, désire vainement contrôler son attitude et que c'est Lisette qui mène, cette fois, le dialogue. — Quel sentiment pousse Silvia à se justifier? Est-elle consciente de l'état d'infériorité où elle se met ainsi? Comment essaie-t-elle de rattraper la situation?

SILVIA. — Voyez-vous le mauvais esprit! comme elle tourne
65 les choses! Je me sens dans une indignation... qui... va jusqu'aux larmes. **(21)**

LISETTE. — En quoi donc, madame? Quelle finesse[1] entendez-vous à ce que je dis?

SILVIA. — Moi, j'y entends finesse! moi, je vous querelle
70 pour lui! j'ai bonne opinion de lui! Vous me manquez de respect jusque-là! Bonne opinion, juste ciel! bonne opinion! Que faut-il que je réponde à cela? Qu'est-ce que cela veut dire? A qui parlez-vous? Qui est-ce qui est à l'abri de ce qui m'arrive? Où en sommes-nous?

75 LISETTE. — Je n'en sais rien, mais je ne reviendrai de longtemps de la surprise où vous me jetez.

SILVIA. — Elle a des façons de parler qui me mettent hors de moi. Retirez-vous, vous m'êtes insupportable, laissez-moi; je prendrai d'autres mesures. **(22) (23)**

---

1. « La *finesse* consiste dans l'art de ne pas exprimer directement sa pensée, mais de la laisser aisément apercevoir; c'est une énigme dont les gens d'esprit découvrent tout à coup le mot... On se trompe presque toujours en entendant finesse à tout » (Voltaire, *Dictionnaire philosophique*, article « Finesse »).

QUESTIONS

21. La nouvelle attitude de Lisette : en quoi consiste ici son ironie? S'y mêle-t-il une intention de méchanceté? — La réaction de Silvia : quel sentiment la mène au bord des larmes?

22. Lisette avait-elle encore l'intention de provoquer Silvia en parlant de finesse (ligne 67)? Sa surprise est-elle feinte ici? — Comment se traduit le trouble de Silvia? Est-elle consciente de l'impression qu'elle peut produire sur Lisette? Comment essaie-t-elle de surmonter la situation?

23. SUR L'ENSEMBLE DE LA SCÈNE VII. — La place de cette scène dans l'évolution de l'action : montrez, par comparaison avec la scène IV du même acte, que les sentiments de Dorante et ceux de Silvia suivent une évolution parallèle. Comment Marivaux a-t-il donné beaucoup de relief à la scène entre les deux jeunes filles? — Quel est l'état d'esprit de Lisette au début de cette scène, après son entrevue avec M. Orgon (II, I) et son dialogue avec Arlequin (II, III et V)? Quel est, d'autre part, l'état d'esprit de Silvia à ce moment? Analysez le mouvement de la scène en montrant les motifs psychologiques qui accentuent progressivement l'opposition et la tension entre les deux jeunes filles. — Faut-il voir ici la revanche d'une servante humiliée en face d'une jeune fille noble, tourmentée, prise au piège qu'elle a elle-même inventé? Comment Marivaux a-t-il atténué cet aspect de la scène? Ne semble-t-il pas que Lisette formule sa pensée sans en prendre nettement conscience? Comparez cette scène à la scène première de l'acte premier : les relations entre suivante et maîtresse se sont-elles dégradées? — Le caractère de Silvia : son amour-propre et sa susceptibilité dénotent-ils une certaine sécheresse de cœur?

SCÈNE VIII. — SILVIA, *seule.*

Je frissonne encore de ce que je lui ai entendu dire. Avec quelle impudence les domestiques ne nous traitent-ils pas dans leur esprit? Comme ces gens-là vous dégradent[1]! Je ne saurais m'en remettre; je n'oserais songer aux termes dont elle s'est
5 servie, ils me font toujours peur. Il s'agit d'un valet! Ah! l'étrange chose! Écartons l'idée dont cette insolente est venue me noircir l'imagination. Voici Bourguignon, voilà cet objet* en question pour lequel je m'emporte; mais ce n'est pas sa faute, le pauvre garçon, et je ne dois pas m'en prendre à lui. **(24)**

SCÈNE IX. — DORANTE, SILVIA.

DORANTE. — Lisette, quelque éloignement que tu aies pour moi, je suis forcé de te parler, je crois que j'ai à me plaindre de toi.

SILVIA. — Bourguignon, ne nous tutoyons plus, je t'en
5 prie.

DORANTE. — Comme tu voudras.

SILVIA. — Tu n'en fais pourtant rien.

DORANTE. — Ni toi non plus, tu me dis : *je t'en prie.*

SILVIA. — C'est que cela m'est échappé. **(25)**

10 DORANTE. — Eh bien, crois-moi, parlons comme nous pourrons; ce n'est pas la peine de nous gêner pour le peu de temps que nous avons à nous voir.

SILVIA. — Est-ce que ton maître s'en va? Il n'y aurait pas grande perte.

1. *Dégrader :* priver de sa dignité, rabaisser, humilier.

QUESTIONS

24. SUR LA SCÈNE VIII. — Le monologue est-il fréquent dans la comédie? Comment trouve-t-il ici sa place? — La force de l'amour-propre de Silvia. Étudiez en elle le combat de la lucidité et du désir de se faire illusion. — Le préjugé de classe de Silvia : prévaut-il contre Dorante aussi bien que contre Lisette? — Dans quel sentiment Silvia aborde-t-elle Dorante?

25. Que signifient pour Silvia et Dorante le vouvoiement et le tutoiement (voir la scène VI de l'acte premier, lignes 22-38)? Montrez que, dès les premiers mots, les deux personnages se trouvent une fois de plus à l'unisson.

15 DORANTE. — Ni à moi non plus[1], n'est-il pas vrai? J'achève ta pensée.

SILVIA. — Je l'achèverais bien moi-même si j'en avais envie; mais je ne songe pas à toi. **(26)**

DORANTE. — Et moi, je ne te perds point de vue.

20 SILVIA. — Tiens, Bourguignon, une bonne fois pour toutes, demeure, va-t'en, reviens, tout cela doit m'être indifférent, et me l'est en effet[2], je ne te veux ni bien ni mal, je ne te hais, ni ne t'aime, ni ne t'aimerai, à moins que l'esprit ne me tourne. Voilà mes dispositions[3]; ma raison ne m'en permet point 25 d'autres, et je devrais me dispenser de te le dire.

DORANTE. — Mon malheur est inconcevable. Tu m'ôtes peut-être tout le repos de ma vie.

SILVIA. — Quelle fantaisie[4] il s'est allé mettre dans l'esprit! Il me fait de la peine. Reviens à toi. Tu me parles, je te réponds, 30 c'est beaucoup, c'est trop même; tu peux m'en croire, et, si tu étais instruit, en vérité, tu serais content de moi; tu me trouverais d'une bonté sans exemple, d'une bonté que je blâmerais dans une autre. Je ne me la reproche pourtant pas, le fond de mon cœur me rassure, ce que je fais est louable. C'est 35 par générosité* que je te parle; mais il ne faut pas que cela dure, ces générosités*-là ne sont bonnes qu'en passant, et je ne suis pas faite pour me rassurer toujours sur l'innocence de mes intentions; à la fin, cela ne ressemblerait plus à rien. Ainsi finissons, Bourguignon; finissons, je t'en prie. Qu'est-ce que cela 40 signifie? c'est se moquer, allons, qu'il n'en soit plus parlé. **(27)**

DORANTE. — Ah! ma chère Lisette, que je souffre!

---

1. Construction libre du complément d'après le sens : il n'y aurait pas grande perte à mon départ non plus; **2.** *En effet :* réellement, en réalité; **3.** *Dispositions :* état d'esprit, état des sentiments; **4.** *Fantaisie :* idée fausse, imaginaire.

QUESTIONS

26. Le décalage entre les intentions et les paroles dans les répliques des lignes 13-16. A quoi l'imputer? Quel aveu chacun des personnages espère-t-il de l'autre?

27. Quelle réplique de Dorante détermine Silvia à cette longue déclaration (lignes 20-25 et 28-40)? — Dégagez le rapport entre cette double tirade et le monologue de la scène précédente. — Montrez que Silvia parle autant pour elle-même que pour Dorante : distinguez celles de ses paroles qui sont destinées à se donner à elle-même une certaine assurance, et celles qui donnent à Dorante un avertissement voilé. — L' « héroïsme » de Silvia : relevez dans ses expressions les termes qui révèlent une certaine complaisance à tenir son rôle.

SILVIA. — Venons à ce que tu voulais me dire. Tu te plaignais de moi, quand tu es entré; de quoi était-il question? **(28)**

DORANTE. — De rien, d'une bagatelle; j'avais envie de te
45 voir, et je crois que je n'ai pris qu'un prétexte.

SILVIA, *à part.* — Que dire à cela? Quand je m'en fâcherais, il n'en serait[1] ni plus ni moins.

DORANTE. — Ta maîtresse en partant a paru m'accuser de t'avoir parlé au désavantage de mon maître.

50 SILVIA. — Elle se l'imagine et, si elle t'en parle encore, tu peux le nier hardiment; je me charge du reste.

DORANTE. — Eh! ce n'est pas cela qui m'occupe!

SILVIA. — Si tu n'as que cela à me dire, nous n'avons plus que faire ensemble.

55 DORANTE. — Laisse-moi du moins le plaisir de te voir.

SILVIA. — Le beau motif qu'il me fournit là! J'amuserai la passion* de Bourguignon! Le souvenir de tout ceci me fera bien rire un jour. **(29)**

DORANTE. — Tu me railles, tu as raison; je ne sais ce que
60 je dis, ni ce que je te demande. Adieu.

SILVIA. — Adieu; tu prends le bon parti[2]... Mais, à propos de tes adieux, il me reste encore une chose à savoir. Vous partez, m'as-tu dit, cela est-il sérieux? **(30)**

DORANTE. — Pour moi, il faut que je parte ou que la tête
65 me tourne.

SILVIA. — Je ne t'arrêtais pas pour cette réponse-là, par exemple.

---

1. Cela n'en serait... Emploi de *il* pour « cela »; 2. Tu prends la décision qu'il fallait prendre.

QUESTIONS

28. Pourquoi est-ce Silvia elle-même qui trahit son serment de finir l'entretien? Quelle parole de Dorante l'a fait changer d'avis?

29. Dorante, si pathétique quelques instants auparavant (lignes 26-27 et 41), ne paraît-il pas maintenant un peu gêné? A quoi borne-t-il son aveu? — L'attitude de Silvia : comment concilie-t-elle son secret désir de poursuivre l'entretien et son intention déclarée d'y mettre fin? Par quel effort de pensée essaie-t-elle (lignes 57-58) de se ressaisir définitivement?

30. Ce nouveau rappel de Dorante se justifie-t-il comme le précédent? Est-ce pur et simple comique de répétition?

DORANTE. — Et je n'ai fait qu'une faute, c'est de n'être pas parti dès que je t'ai vue.

70 SILVIA, *à part.* — J'ai besoin à tout moment d'oublier que je l'écoute.

DORANTE. — Si tu savais, Lisette, l'état où je me trouve...

SILVIA. — Oh! il n'est pas si curieux à savoir que le mien, je t'en assure.

75 DORANTE. — Que peux-tu me reprocher? Je ne me propose pas de te rendre sensible*.

SILVIA, *à part.* — Il ne faudrait pas s'y fier.

DORANTE. — Et que pourrais-je espérer en tâchant de me faire aimer? Hélas! quand même j'aurais ton cœur...

80 SILVIA. — Que le ciel m'en préserve! quand tu l'aurais, tu ne le saurais pas; et je ferais si bien que je ne le saurais pas moi-même. Tenez, quelle idée il lui vient là! **(31)**

DORANTE. — Il est donc bien vrai que tu ne me hais, ni ne m'aimes, ni ne m'aimeras?

85 SILVIA. — Sans difficulté[1].

DORANTE. — Sans difficulté! Qu'ai-je donc de si affreux?

SILVIA. — Rien, ce n'est pas là ce qui te nuit.

DORANTE. — Eh bien! chère Lisette, dis-le-moi cent fois, que tu ne m'aimeras point.

90 SILVIA. — Oh! je te l'ai assez dit; tâche de me croire.

DORANTE. — Il faut que je le croie! Désespère une passion* dangereuse, sauve-moi des effets[2] que j'en crains; tu ne me

---

1. Sans conteste, cela va de soi; **2.** *Effets :* conséquences, suites. Dorante se jette à genoux. A ce moment-là M. Orgon et Mario entrent silencieusement et à l'insu de Dorante et de Silvia.

QUESTIONS

31. Comment Dorante tente-t-il de faire comprendre à Silvia qu'il y a à son amour un obstacle autre que l'indifférence qu'elle lui témoigne? Silvia comprend-elle cette allusion? Indiquez la réplique où Marivaux joue une fois de plus sur le quiproquo, né du double déguisement. — Les apartés de Silvia : quel contrepoint forment-ils avec les répliques dites à haute voix? Comment Silvia se dérobe-t-elle finalement à ses propres sentiments (lignes 80-82)? Dorante peut-il y voir un aveu?

hais, ni ne m'aimes, ni ne m'aimeras; accable mon cœur de cette certitude-là. J'agis de bonne foi, donne-moi du secours
95 contre moi-même; il m'est nécessaire; je te le demande à genoux. **(32) (33)**

SCÈNE X. — MONSIEUR ORGON, MARIO, SILVIA, DORANTE.

SILVIA. — Ah! nous y voilà! il ne manquait plus que cette façon-là[1] à mon aventure. Que je suis malheureuse! c'est ma facilité[2] qui le place là. Lève-toi donc, Bourguignon, je t'en conjure; il peut venir quelqu'un. Je dirai ce qu'il te plaira;
5 que me veux-tu? je ne te hais point, lève-toi; je t'aimerais si je pouvais, tu ne me déplais point, cela doit te suffire.

DORANTE. — Quoi! Lisette, si je n'étais pas ce que je suis, si j'étais riche, d'une condition honnête[3] et que je t'aimasse autant que je t'aime, ton cœur n'aurait point de répugnance
10 pour moi?

SILVIA. — Assurément.

---

1. *Façon :* action, manière d'agir; 2. *Facilité :* complaisance; 3. Voir note 6, I, I, ligne 36, page 36.

QUESTIONS

32. L'héroïsme de Dorante : trouve-t-il en lui-même la force de rompre avec Silvia? Pourquoi demande-t-il à Silvia de l'aider? Silvia peut-elle se dérober au rôle que Dorante lui demande de jouer? — Comment s'exprime le trouble du sentiment chez Dorante? Relevez les termes pathétiques empruntés au langage tragique.

33. SUR L'ENSEMBLE DE LA SCÈNE IX. — Dans quelle disposition d'esprit sont Dorante et Silvia au début de la scène? Qui a cherché l'entrevue?
— Analysez les différentes étapes de cette « scène des adieux ». Qui parle le premier de séparation? Montrez que Silvia ne peut s'empêcher de retenir Dorante, tout en lui signifiant son intention de le laisser partir.
— La part de la coquetterie, celle de la sincérité dans l'attitude de Silvia. Pourquoi Marivaux jalonne-t-il d'apartés le rôle de Silvia (tout comme dans la scène VII du premier acte)? Les sentiments de Silvia à l'égard de Dorante évoluent-ils au cours de la scène?
— Comment le trouble des personnages se traduit-il dans le rythme du dialogue? Les moments pathétiques : de quelle façon le spectateur y participe-t-il? Est-il ému?
— Comparez cette scène avec la première entrevue de Silvia et de Dorante (acte premier, scène VII) : analysez les progrès de leurs sentiments, de la lucidité et de la connaissance intuitive qu'ils ont l'un de l'autre. Sont-ils toujours aussi émerveillés de la situation « singulière » dans laquelle ils croient se trouver? Quelle crainte se précise chez l'un et l'autre à mesure qu'ils sentent croître leur sympathie mutuelle?

DORANTE. — Tu ne me haïrais pas? Tu me souffrirais?

SILVIA. — Volontiers, mais lève-toi.

DORANTE. — Tu parais le dire sérieusement, et, si cela est,
15 ma raison est perdue.

SILVIA. — Je dis ce que tu veux, et tu ne te lèves point. **(34)**

MONSIEUR ORGON, *s'approchant*. — C'est bien dommage de vous interrompre; cela va à merveille, mes enfants; courage!

SILVIA. — Je ne saurais empêcher ce garçon de se mettre à
20 genoux, monsieur. Je ne suis pas en état de lui en imposer[1], je pense.

MONSIEUR ORGON. — Vous vous convenez parfaitement bien tous deux; mais j'ai à te dire un mot, Lisette, et vous reprendrez votre conversation quand nous serons partis. Vous le
25 voulez bien, Bourguignon?

DORANTE. — Je me retire, monsieur.

MONSIEUR ORGON. — Allez, et tâchez de parler de votre maître avec un peu plus de ménagement que vous ne faites.

DORANTE. — Moi, monsieur!

30 MARIO. — Vous-même, mons[2] Bourguignon; vous ne brillez pas trop dans[3] le respect que vous avez pour votre maître, dit-on. **(35)**

DORANTE. — Je ne sais ce qu'on veut dire.

---

1. *En imposer* ou *imposer* : inspirer le respect, la soumission, la crainte; **2.** Voir note I, VI, ligne 52; **3.** Confusion entre *briller par* (se faire remarquer, attirer l'attention par) et *briller dans* (exceller en).

QUESTIONS

34. Quel parti nouveau Marivaux tire-t-il d'une situation traditionnelle? Quand on connaît son amour-propre, peut-on considérer comme réelle la colère de Silvia d'être surprise avec Dorante à ses pieds? Faut-il dire cependant que son aveu lui échappe? — La capitulation de Dorante : pourquoi perd-il brusquement l'énergie qu'il espérait avoir à la fin de la scène précédente? — Ne frôle-t-on pas le dénouement?

35. L'intervention de M. Orgon et de Mario à ce moment précis est-elle naturelle? Le spectateur penserait-il à parler ici d'invraisemblance? — Les motifs qu'invoquent M. Orgon et Mario pour chasser Bourguignon : est-ce la première fois que Dorante s'entend faire les mêmes reproches (voir la scène IX, lignes 48-49)?

MONSIEUR ORGON. — Adieu, adieu; vous vous justifierez
35 une autre fois. **(36)**

SCÈNE XI. — SILVIA, MONSIEUR ORGON, MARIO.

MONSIEUR ORGON. — Eh bien, Silvia, vous ne nous regardez pas, vous avez l'air tout embarrassé.

SILVIA. — Moi, mon père! et où serait le motif de mon embarras? Je suis, grâce au ciel, comme à mon ordinaire; je
5 suis fâchée de vous dire que c'est une idée[1].

MARIO. — Il y a quelque chose, ma sœur, il y a quelque chose.

SILVIA. — Quelque chose dans votre tête, à la bonne heure, mon frère; mais pour dans[2] la mienne, il n'y a que l'étonne-
10 ment de ce que vous dites.

MONSIEUR ORGON. — C'est donc ce garçon qui vient de sortir qui t'inspire cette extrême antipathie que tu as pour son maître? **(37)**

SILVIA. — Qui? le domestique de Dorante?

15 MONSIEUR ORGON. — Oui, le galant* Bourguignon.

SILVIA. — Le galant* Bourguignon, dont je ne savais pas l'épithète, ne me parle pas de lui. **(38)**

---

1. *Idée :* idée fausse, imaginaire; 2. Pour ce qui est dans ma tête (construction elliptique).

QUESTIONS

36. SUR L'ENSEMBLE DE LA SCÈNE X. — Pourquoi Marivaux a-t-il voulu que M. Orgon et Mario surprennent Dorante aux genoux de Silvia? Étudiez pour Dorante et pour Silvia l'importance des interventions extérieures.

— Quelles sortes de réactions M. Orgon et Mario provoquent-ils chez Dorante et chez Silvia?

37. Que cherchent M. Orgon et Mario sous prétexte d'interroger Silvia? La première réaction de celle-ci est-elle surprenante?

38. Relevez un ton nouveau de Silvia envers son père : recherchez à quel moment elle a pu penser que M. Orgon voulait lui imposer un mariage dont elle ne voulait pas?

MONSIEUR ORGON. — Cependant, on prétend que c'est lui qui le détruit[1] auprès de toi, et c'est sur quoi[2] j'étais bien aise
20 de te parler.

SILVIA. — Ce n'est pas la peine, mon père, et personne au monde que son maître ne m'a donné l'aversion naturelle que j'ai pour lui.

MARIO. — Ma foi, tu as beau dire, ma sœur, elle est trop
25 forte pour être naturelle, et quelqu'un y a aidé.

SILVIA, *avec vivacité.* — Avec quel air mystérieux vous me dites cela, mon frère! Et qui est donc ce quelqu'un qui y a aidé? Voyons.

MARIO. — Dans quelle humeur es-tu, ma sœur? Comme tu
30 t'emportes! **(39)**

SILVIA. — C'est que je suis bien lasse de mon personnage, et je me serais déjà démasquée, si je n'avais pas craint de fâcher mon père.

MONSIEUR ORGON. — Gardez-vous-en bien, ma fille, je viens
35 ici pour vous le recommander. Puisque j'ai eu la complaisance de vous permettre votre déguisement, il faut, s'il vous plaît, que vous ayez celle de suspendre votre jugement sur Dorante, et de voir si l'aversion[3] qu'on vous a donnée pour lui est légitime.

SILVIA. — Vous ne m'écoutez donc point, mon père? Je
40 vous dis qu'on ne me l'a point donnée.

MARIO. — Quoi! ce babillard qui vient de sortir ne t'a pas un peu dégoûtée de lui?

SILVIA, *avec feu.* — Que vos discours sont désobligeants! m'a dégoûtée de lui! dégoûtée! J'essuie[4] des expressions bien

---

1. *Détruire :* discréditer (sens classique); **2.** *Ce sur quoi :* l'omission du pronom démonstratif *ce* dans des locutions semblables, considérée comme surannée et vicieuse par Vaugelas, était fréquente aux XVIIe et XVIIIe siècles; **3.** *Aversion :* répugnance insurmontable. « L'aversion et l'antipathie paraissent avoir leur source dans le tempérament ou dans le goût naturel, mais avec cette différence que l'aversion a des causes plus connues et que l'antipathie en a de plus secrètes » (abbé Girard, *Dictionnaire des synonymes*, 1718); **4.** *Essuyer :* subir.

QUESTIONS

39. L'insistance de M. Orgon et de Mario vient-elle à bout de la résistance de Silvia? Celle-ci ne fait-elle pas un peu figure d'accusée? Ses « juges » sont-ils compréhensifs?

45 étranges; je n'entends plus que des choses inouïes, qu'un langage inconcevable; *j'ai l'air embarrassé*, *il y a quelque chose ;* et puis c'est le *galant** Bourguignon qui m'a dégoûtée. C'est tout ce qui vous plaira, mais je n'y entends rien.

MARIO. — Pour le coup, c'est toi qui es étrange. A qui en 50 as-tu donc? D'où vient que tu es si fort sur le qui-vive? Dans quelle idée[1] nous soupçonnes-tu?

SILVIA. — Courage, mon frère! Par quelle fatalité aujourd'hui ne pouvez-vous me dire un mot qui ne me choque? Quel soupçon voulez-vous qui me vienne? Avez-vous des visions[2]? **(40)**

55 MONSIEUR ORGON. — Il est vrai que tu es si agitée que je ne te reconnais point non plus. Ce sont apparemment ces mouvements*-là qui sont cause que Lisette nous a parlé comme elle a fait. Elle accusait ce valet de ne t'avoir pas entretenue à l'avantage de son maître, et, « madame, nous a-t-elle dit, l'a 60 défendu contre moi avec tant de colère que j'en suis encore toute surprise » et c'est sur ce mot de *surprise* que nous l'avons querellée[3], mais ces gens-là ne savent pas la conséquence[4] d'un mot. **(41)**

SILVIA. — L'impertinente[5]! y a-t-il rien de plus haïssable 65 que cette fille-là? J'avoue que je me suis fâchée par un esprit de justice pour ce garçon.

MARIO. — Je ne vois point de mal à cela.

SILVIA. — Y a-t-il rien de plus simple? Quoi! parce que je suis équitable, que je veux qu'on ne nuise à personne, que je

---

1. *Idée :* voir note, II, XI, ligne 5; 2. *Avoir des visions :* avoir des idées folles, extravagantes, chimériques; 3. *Quereller :* accuser, réprimander; 4. *Conséquence :* importance d'une chose; 5. *Impertinente :* personne stupide, qui agit sans discrétion ou discernement.

QUESTIONS

40. Comment Silvia a-t-elle cru se tirer d'affaire, sans cependant se compromettre? Pourquoi la discussion prend-elle un ton plus véhément? — Relevez, dans la tirade de Silvia (lignes 43-48), les mots qui trahissent son indignation. Dans quelle mesure cette indignation est-elle calculée? Montrez que Silvia réussit à son tour à devenir accusatrice : l'importance du mot *visions* (ligne 54).

41. A quelle scène précise M. Orgon fait-il allusion ici? Pourquoi a-t-il réservé jusqu'à ce moment cette « preuve » de son accusation? A-t-il toutefois approuvé Lisette?

70 veux sauver un domestique du tort qu'on peut lui faire auprès de son maître, on dit que j'ai des emportements*, des fureurs* dont on est surprise! Un moment après un mauvais esprit raisonne; il faut se fâcher, il faut la[1] faire taire, et prendre mon parti contre elle, à cause de la conséquence de ce qu'elle 75 dit? Mon parti! J'ai donc besoin qu'on me défende, qu'on me justifie? On peut donc mal interpréter ce que je fais? Mais que fais-je? de quoi m'accuse-t-on? Instruisez-moi, je vous en conjure; cela est-il sérieux? Me joue-t-on? se moque-t-on de moi? Je ne suis pas tranquille.

80 MONSIEUR ORGON. — Doucement donc.

SILVIA. — Non, monsieur, il n'y a point de douceur qui tienne. Comment donc! des surprises, des conséquences! Eh! qu'on s'explique, que veut-on dire? On accuse ce valet, et on a tort; vous vous trompez tous, Lisette est une folle, il est inno-85 cent, et voilà qui est fini. Pourquoi donc m'en reparler encore? car je suis outrée! **(42)**

MONSIEUR ORGON. — Tu te retiens, ma fille; tu aurais grande envie de me quereller aussi. Mais, faisons mieux, il n'y a que ce valet qui soit suspect ici, Dorante n'a qu'à le chasser.

90 SILVIA. — Quel malheureux déguisement! Surtout que Lisette ne m'approche pas, je la hais plus que Dorante.

MONSIEUR ORGON. — Tu la verras si tu veux; mais tu dois être charmée que ce garçon s'en aille, car il t'aime, et cela t'importune assurément.

95 SILVIA. — Je n'ai point à m'en plaindre; il me prend pour une suivante, et il me parle sur ce ton-là; mais il ne me dit pas ce qu'il veut, j'y mets bon ordre. **(43)**

---

1. Lisette (exemple de syllepse ou accord selon le sens, *la* remplaçant dans la proposition « mauvais esprit », mais désignant Lisette).

QUESTIONS

42. Sous quel sentiment avouable se déguise, chez Silvia, le sentiment exaspéré de l'amour-propre? — Étudiez le vocabulaire de Silvia et le rythme de ses paroles : son émoi et son trouble sont-ils sincères? Dans quelle mesure se laisse-t-elle prendre à son jeu? — A quel moment a-t-on déjà vu Silvia dans un tel état de surexcitation?

43. Rapprochez les sentiments de Silvia pour Lisette de ceux de Dorante pour Arlequin (acte premier, scène IX). — En quoi la proposition de chasser Bourguignon est-elle plus cruelle que tout ce qui précède? Comment Silvia y répond-elle? Laisse-t-elle apercevoir son désappointement? Appréciez en particulier l'habileté de sa réplique (lignes 95-97).

MARIO. — Tu n'en es pas tant la maîtresse que tu le dis bien.

MONSIEUR ORGON. — Ne l'avons-nous pas vu se mettre à
100 genoux malgré toi? N'as-tu pas été obligée, pour le faire lever, de lui dire qu'il ne te déplaisait pas?

SILVIA, *à part.* — J'étouffe.

MARIO. — Encore a-t-il fallu, quand il t'a demandé si tu l'aimerais, que tu aies tendrement ajouté : « volontiers »; sans
105 quoi il y serait encore.

SILVIA. — L'heureuse apostille[1], mon frère! Mais comme[2] l'action m'a déplu, la répétition[3] n'en est pas aimable. Ah çà, parlons sérieusement, quand finira la comédie que vous vous donnez sur mon compte? **(44)**

110 MONSIEUR ORGON. — La seule chose que j'exige de toi, ma fille, c'est de ne te déterminer à le refuser qu'avec connaissance de cause. Attends encore, tu me remercieras du délai que je te demande; je t'en réponds.

MARIO. — Tu épouseras Dorante, et même avec inclination*,
115 je te le prédis... Mais, mon père, je vous demande grâce pour le valet.

SILVIA. — Pourquoi grâce? et moi je veux qu'il sorte. **(45)**

MONSIEUR ORGON. — Son maître en décidera; allons-nous-en.

MARIO. — Adieu, adieu ma sœur; sans rancune. **(46)**

---

1. *Apostille :* annotation en marge ou au bas d'un écrit; **2.** *Comme :* de même que; **3.** Emploi inhabituel du mot *répétition* pour désigner la réitération par la parole d'un acte vécu.

QUESTIONS

44. Quel est le dernier argument tenu en réserve par Mario? — Silvia approche-t-elle de la vérité quand elle parle de la *comédie* que se donnent son père et son frère? Montrez que l'expression n'a pas le même sens pour le spectateur et pour Silvia.

45. Expliquez cette volte-face de Silvia.

46. SUR L'ENSEMBLE DE LA SCÈNE XI. — Devant cette épreuve qu'on lui impose, comment Silvia se défend-elle? Énumérez les différentes étapes de l'accusation menée par M. Orgon et Mario : comment l'amour-propre de Silvia réussit-il à chaque fois à reprendre le dessus? Quel est le seul moment où Silvia laisse apercevoir un moment de faiblesse? Peut-elle insister beaucoup pour être délivrée du déguisement dont elle a eu l'initiative?

— Montrez que cette scène joue un rôle analogue à l'entretien Lisette-Silvia (acte II, scène VII). Faut-il, de ce fait, la considérer comme un simple effet de répétition dans le déroulement de l'action? Qu'est-ce qui différencie, à l'égard de Silvia, la position de Lisette de celle de M. Orgon et de Mario?

SCÈNE XII. — SILVIA, *seule;* DORANTE, *qui vient peu après.*

SILVIA. — Ah! que j'ai le cœur serré! Je ne sais ce qui se mêle à l'embarras où je me trouve; toute cette aventure-ci m'afflige : je me défie de tous les visages; je ne suis contente de personne, je ne le suis pas de moi-même. **(47)**

5 DORANTE. — Ah! je te cherchais, Lisette.

SILVIA. — Ce n'était pas la peine de me trouver, car je te fuis, moi.

DORANTE, *l'empêchant de sortir.* — Arrête donc, Lisette, j'ai à te parler pour la dernière fois; il s'agit d'une chose de consé-
10 quence[1] qui regarde tes maîtres.

SILVIA. — Va le dire à eux-mêmes[2]; je ne te vois jamais que tu ne me chagrines, laisse-moi.

DORANTE. — Je t'en offre autant; mais, écoute-moi, te dis-je; tu vas voir les choses bien changer de face par ce que je te vais
15 dire.

SILVIA. — Eh bien, parle donc; je t'écoute, puisqu'il est arrêté que ma complaisance pour toi sera éternelle. **(48)**

DORANTE. — Me promets-tu le secret?

SILVIA. — Je n'ai jamais trahi personne.

20 DORANTE. — Tu ne dois la confidence que je vais te faire qu'à l'estime* que j'ai pour toi.

SILVIA. — Je le crois; mais tâche de m'estimer* sans me le dire, car cela sent le prétexte.

DORANTE. — Tu te trompes, Lisette; tu m'as promis le
25 secret; achevons. Tu m'as vu dans de grands mouvements*, je n'ai pu me défendre de t'aimer.

---

1. *Conséquence :* voir note, II, XI, ligne 62; 2. Certains verbes comme *parler* ont donné lieu à des hésitations; on disait « je lui parle », « je parle à lui ». Au XVIIIe siècle, on disait encore couramment « parler à lui, à moi ».

QUESTIONS

47. Comparez ce début de scène avec celui de la scène IX. Étudiez l'évolution de l'état d'âme de Silvia.

48. Quelle a été la conséquence pour Dorante de son renvoi par M. Orgon? La lassitude de Silvia est-elle feinte ici?

SILVIA. — Nous y voilà; je me défendrai bien de t'entendre, moi; adieu.

DORANTE. — Reste, ce n'est plus Bourguignon qui te parle. **(49)**

30 SILVIA. — Eh! qui es-tu donc?

DORANTE. — Ah, Lisette! c'est ici que tu vas juger des peines qu'a dû[1] ressentir mon cœur.

SILVIA. — Ce n'est pas à ton cœur à qui[2] je parle, c'est à toi.

DORANTE. — Personne ne vient-il?

35 SILVIA. — Non.

DORANTE. — L'état où sont toutes les choses me force à te le dire; je suis trop honnête homme pour n'en pas arrêter le cours.

SILVIA. — Soit.

40 DORANTE. — Sache que celui qui est avec ta maîtresse n'est pas ce qu'on pense.

SILVIA, *vivement.* — Qui est-il donc?

DORANTE. — Un valet.

SILVIA. — Après?

45 DORANTE. — C'est moi qui suis Dorante.

SILVIA, *à part.* — Ah! je vois clair dans mon cœur. **(50)**

DORANTE. — Je voulais sous cet habit pénétrer[3] un peu ce que c'était que ta maîtresse, avant de l'épouser. Mon père, en partant[4], me permit ce que j'ai fait, et l'événement[5] m'en

---

1. A été obligé de; **2.** Les trois tournures *à ton cœur à qui..., ton cœur à qui..., à ton cœur que...* se trouvent chez Marivaux, mais la première est la plus fréquente; **3.** *Pénétrer quelqu'un :* le comprendre, découvrir ses secrètes pensées; **4.** A mon départ. Cet emploi du participe au gérondif, se rapportant à un autre élément qu'au sujet du verbe à mode personnel, est très courant au XVIIe siècle. Mais il est déjà considéré comme incorrect au XVIIIe siècle; **5.** *Événement :* issue, résultat.

QUESTIONS

49. Pourquoi Dorante prend-il tant de précautions avant de faire son aveu? Quels scrupules le retiennent encore? Dans quelle mesure Silvia l'oblige-t-elle à brusquer une révélation qui le gêne?

50. Les nouvelles précautions prises par Dorante avant de dire son identité : quel effet dramatique en résulte? — Quel sentiment traduisent les courtes répliques de Silvia? — La part de l'amour et de l'amour-propre dans la réplique de la ligne 46.

50 paraît un songe. Je hais la maîtresse dont je devais être l'époux, et j'aime la suivante qui ne devait trouver en moi qu'un nouveau maître. Que faut-il que je fasse à présent? Je rougis pour elle de le dire, mais ta maîtresse a si peu de goût* qu'elle est éprise de mon valet au point qu'elle l'épousera si on la laisse 55 faire. Quel parti prendre?

SILVIA, *à part.* — Cachons-lui qui je suis... *(Haut.)* Votre situation est neuve assurément! Mais, monsieur, je vous fais d'abord mes excuses de tout ce que mes discours ont pu avoir d'irrégulier dans nos entretiens.

60 DORANTE, *vivement.* — Tais-toi, Lisette; tes excuses me chagrinent, elles me rappellent la distance qui nous sépare, et ne me la rendent que plus douloureuse.

SILVIA. — Votre penchant*[1] pour moi est-il si sérieux? m'aimez-vous jusque-là? **(51)**

65 DORANTE. — Au point de renoncer à tout engagement* puisqu'il ne m'est pas permis d'unir mon sort au tien; et dans cet état, la seule douceur* que je pouvais goûter, c'était de croire que tu ne me haïssais pas.

SILVIA. — Un cœur qui m'a choisie dans la condition où 70 je suis est assurément bien digne qu'on l'accepte, et je le payerais volontiers du mien, si je ne craignais pas de le jeter dans un engagement* qui lui ferait tort.

DORANTE. — N'as-tu pas assez de charmes*, Lisette? y ajoutes-tu encore la noblesse avec laquelle tu me parles? **(52)**

---

1. *Penchant* se dit au figuré d'une inclination; cette façon de parler est, selon Sorel, « hardie et nouvelle » à la fin du XVIIe siècle.

QUESTIONS

51. Est-il étonnant que Dorante, au moment de son aveu, se préoccupe tellement de la situation de la fausse Silvia, qu'il imagine semblable à la sienne? A-t-il, avec son amour, surmonté son préjugé de classe? — Doit-on reprocher à Silvia sa ruse? Quel sentiment peut la déterminer à prendre immédiatement la décision de garder son déguisement? — Montrez qu'elle change cependant de style et de ton : dans quel esprit nouveau joue-t-elle son rôle?

52. Quelle est donc la solution à laquelle Dorante s'est résigné? Faut-il croire qu'il la considère comme définitive? — Silvia semble-t-elle effrayée du projet de Dorante? Le spectateur initié apprécie-t-il autant que Dorante la *noblesse* (ligne 74) de Silvia?

Phot. Lipnitzki.

Mario. — J'y consens aussi, moi.
Lisette. — Moi aussi, et je vous remercie tous.
(Acte III, scène V, lignes 18-19.)

Le Jeu de l'amour et du hasard à la Comédie-Française.

Phot. Larousse.

Thomas-Antoine Visentini, dit Thomassin (1682-1739),
qui interprétait le rôle d'Arlequin.

Gravure de Bertrand, d'après le portrait de La Tour. (B. N., Estampes.)

Phot. Rigal.

Zanetta Benozzi, dite « Silvia », épouse d'Antoine Balletti.

Portrait de J.-F. de Troy. Collection du duc de Portland.

Phot. Lipnitzki.

« J'ai besoin à tout moment d'oublier que je l'écoute. »
(Acte II, scène IX, lignes 70-71.)

Le Jeu de l'amour et du hasard à la Comédie-Française.

75 SILVIA. — J'entends quelqu'un. Patientez encore sur l'article de[1] votre valet, les choses n'iront pas si vite, nous nous reverrons, et nous chercherons les moyens de vous tirer d'affaire. **(53)**

DORANTE. — Je suivrai tes conseils. *(Il sort.)*

80 SILVIA. — Allons, j'avais grand besoin que ce fût là Dorante. **(54)** **(55)**

SCÈNE XIII. — SILVIA, MARIO.

MARIO. — Je viens te retrouver, ma sœur. Nous t'avons laissée dans des inquiétudes qui me touchent; je veux t'en tirer; écoute-moi.

SILVIA, *vivement.* — Ah! vraiment, mon frère, il y a bien
5 d'autres nouvelles!

MARIO. — Qu'est-ce que c'est[2]?

SILVIA. — Ce n'est point Bourguignon, mon frère, c'est Dorante.

MARIO. — Duquel parlez-vous donc?

10 SILVIA. — De lui, vous dis-je, je viens de l'apprendre tout à l'heure[3]. Il sort, il me l'a dit lui-même.

MARIO. — Qui donc?

SILVIA. — Vous ne m'entendez[4] donc pas?

MARIO. — Si j'y comprends rien, je veux mourir.

---

1. *Sur l'article de :* au sujet de; **2.** Dès le XVIIe siècle, cette construction triomphe de la forme simple *qu'est-ce*, principalement dans la langue parlée; **3.** *Tout à l'heure :* à l'instant même (s'emploie pour le passé immédiat aussi bien que pour le futur prochain); **4.** *Entendre :* comprendre.

QUESTIONS

53. Pourquoi fallait-il interrompre ici le dialogue? — Silvia tire-t-elle habilement parti de son rôle de soubrette?

54. Quel moment Silvia a-t-elle attendu pour s'avouer sa faiblesse?

55. SUR L'ENSEMBLE DE LA SCÈNE XII. — Pourquoi Dorante s'est-il dévoilé le premier et non Silvia? Pourquoi était-ce nécessaire? D'où vient cependant son attitude indécise à l'égard de Silvia?

— En quoi cette scène constitue-t-elle un premier dénouement? En quoi fait-elle rebondir l'action?

— Le pathétique dans les rapports de Silvia et Dorante est-il du même ordre que celui de l'entretien précédent (acte II, scènes IX et X)?

15 SILVIA. — Venez, sortons d'ici, allons trouver mon père, il faut qu'il le sache. J'aurai besoin de vous aussi, mon frère. Il me vient de nouvelles idées, il faudra feindre de m'aimer. Vous en avez déjà dit quelque chose en badinant*; mais surtout gardez bien le secret, je vous prie...

20 MARIO. — Oh! je le garderai bien, car je ne sais ce que c'est.

SILVIA. — Allons, mon frère, venez, ne perdons point de temps. Il n'est jamais rien arrivé d'égal à cela.

MARIO. — Je prie le ciel qu'elle n'extravague pas. **(56) (57)**

ACTE III

SCÈNE PREMIÈRE. — DORANTE, ARLEQUIN.

ARLEQUIN. — Hélas! monsieur, mon très honoré maître, je vous en conjure...

DORANTE. — Encore!

ARLEQUIN. — Ayez compassion de ma bonne aventure, ne 5 portez point guignon[1] à mon bonheur qui va son train si rondement, ne lui fermez point le passage.

1. *Guignon* : malchance (terme familier).

QUESTIONS

56. SUR LA SCÈNE XIII. — Pourquoi Mario s'obstine-t-il à faire l'étonné? Montrez que son jeu a surtout pour effet de mettre à l'épreuve l'enthousiasme de Silvia.
— L'esprit romanesque de Silvia : comment va-t-elle à son tour utiliser son frère dans la comédie qui se prépare pour l'acte suivant?
— L'utilité de cette scène pour l'action.

57. SUR L'ENSEMBLE DE L'ACTE II. — Analysez la composition de cet acte : comment sont réparties les scènes où jouent les quiproquos nés des déguisements, celles où les personnages reprennent leur véritable identité?
— Le mécanisme de l'action : par quel lent cheminement arrive-t-on à la seule péripétie, c'est-à-dire à l'aveu de Dorante, qui termine l'acte? Montrez par suite de quelles circonstances Silvia, qui était à l'origine de l'intrigue, cherche à se reprendre et à se dégager d'une situation dont elle n'est plus maîtresse.
— Les coïncidences amenées par l'auteur peuvent-elles, dans une comédie comme celle-ci, être considérées comme invraisemblables?
— La pièce pourrait-elle s'arrêter après le deuxième acte? Quelle est, en tout cas, la signification de cette première étape?

DORANTE. — Allons donc, misérable, je crois que tu te moques de moi; tu mériterais cent coups de bâton.

ARLEQUIN. — Je ne les refuse point, si je les mérite, mais 10 quand je les aurai reçus, permettez-moi d'en mériter d'autres. Voulez-vous que j'aille chercher le bâton?

DORANTE. — Maraud!

ARLEQUIN. — Maraud, soit, mais cela n'est point contraire à faire fortune.

15 DORANTE. — Ce coquin! quelle imagination il lui prend!

ARLEQUIN. — Coquin est encore bon, il me convient aussi; un maraud n'est point déshonoré d'être appelé coquin; mais un coquin peut faire un bon mariage.

DORANTE. — Comment, insolent! tu veux que je laisse un 20 honnête homme dans l'erreur, et que je souffre que tu épouses sa fille sous mon nom? Écoute, si tu me parles encore de cette impertinence-là, dès que j'aurai averti M. Orgon de ce que tu es, je te chasse, entends-tu? **(1)**

ARLEQUIN. — Accommodons-nous[1]; cette demoiselle m'adore*, 25 elle m'idolâtre. Si je lui dis mon état[2] de valet, et que, nonobstant, son tendre cœur soit toujours friand de la noce avec moi, ne laisserez-vous pas jouer les violons[3]?

DORANTE. — Dès qu'on te connaîtra[4], je ne m'en embarrasse plus.

30 ARLEQUIN. — Bon; je vais de ce pas prévenir cette généreuse* personne sur mon habit de caractère[5]. J'espère que ce ne sera

---

1. *S'accommoder :* se mettre d'accord; 2. *État :* condition sociale; 3. Les violons qui jouaient aux fêtes de mariage. « Les violons de la noce » constituent une expression proverbiale; 4. *Connaître :* voir note, II, I, ligne 19; 5. L'habit qui me caractérise : ma livrée.

QUESTIONS

1. Quelle décision a reçu confirmation pendant l'entracte? — Comment Dorante traite-t-il Arlequin? Quel sentiment justifie son attitude? S'agit-il seulement d'un scrupule moral? — Étudiez le contraste de l'humeur entre eux deux : comment se marque-t-il?

pas un galon de couleur[1] qui nous brouillera ensemble, et que son amour me fera passer à la table en dépit du sort qui ne m'a mis qu'au buffet[2]. (2) (3)

SCÈNE II. — DORANTE, *seul, et ensuite* MARIO.

DORANTE. — Tout ce qui se passe ici, tout ce qui m'y est arrivé à moi-même est incroyable... Je voudrais pourtant bien voir Lisette, et savoir le succès[3] de ce qu'elle m'a promis de faire auprès de sa maîtresse pour me tirer d'embarras. Allons
5 voir si je pourrai la trouver seule.

MARIO. — Arrêtez, Bourguignon : j'ai un mot à vous dire.

DORANTE. — Qu'y a-t-il pour votre service, monsieur?

MARIO. — Vous en contez* à Lisette?

DORANTE. — Elle est si aimable* qu'on aurait de la peine
10 à ne lui pas parler d'amour.

MARIO. — Comment reçoit-elle ce que vous lui dites?

DORANTE. — Monsieur, elle en badine*.

MARIO. — Tu as de l'esprit*, ne fais-tu pas l'hypocrite? (4)

---

1. Les laquais portaient des galons de couleur sur les coutures de leurs vêtements;
2. Les laquais se tenaient au buffet pour servir à boire aux maîtres, assis à table;
3. *Succès :* résultat, bon ou mauvais, d'une action.

QUESTIONS

2. Étudiez chez Arlequin le mélange de réalisme populaire et de fantaisie. Comment parle-t-il de la fausse Silvia? Qu'apprécie-t-il en elle? — Les métaphores dans le vocabulaire d'Arlequin. A quel domaine appartiennent-elles? Quelle est leur raison d'être ici?

3. SUR L'ENSEMBLE DE LA SCÈNE PREMIÈRE. — Quelle correspondance existe-t-il entre cette scène et la première scène de l'acte II? En quoi sont-elles nécessaires toutes deux? Comparez les deux scènes.

— Mis à part sa naïveté enjouée, n'y a-t-il pas chez Arlequin un souhait que d'autres héros réalisent? Rapprochez Arlequin de Jacob dans *le Paysan parvenu :* y a-t-il en lui de l'arrivisme? D'où vient sa certitude d'épouser la fille de M. Orgon?

— Le comique et la vraisemblance. Arlequin vous semble-t-il un bon valet? N'y a-t-il pas dans cette scène, et plus particulièrement chez ce personnage, davantage de fidélité au modèle italien, constamment comique, que de souci de vraisemblance?

4. Quelles sont les intentions de Dorante en ce début d'acte? Le spectateur devine-t-il les motifs pour lesquels Mario aborde Dorante (voir II, XIII)? — En quel sens Mario reconnaît-il à Dorante de l'*esprit?* Montrez qu'il s'agit d'un de ces mots qui, parmi tant d'autres, prennent un sens différent pour celui à qui il est adressé et pour le spectateur.

DORANTE. — Non; mais qu'est-ce que cela vous fait? Sup-
15 posé que Lisette eût du goût* pour moi...

MARIO. — Du goût* pour lui! où prenez-vous vos termes? Vous avez le langage bien précieux[1] pour un garçon de votre espèce.

DORANTE. — Monsieur, je ne saurais parler autrement.

20 MARIO. — C'est apparemment avec ces petites délicatesses-là[2] que vous attaquez[3] Lisette? Cela imite l'homme de condition.

DORANTE. — Je vous assure, monsieur, que je n'imite personne; mais, sans doute[4], vous ne venez pas exprès pour me traiter de ridicule[5] et vous aviez autre chose à me dire? Nous
25 parlions de Lisette, de mon inclination* pour elle et de l'intérêt que vous y prenez. (5)

MARIO. — Comment, morbleu! il y a déjà un ton de jalousie dans ce que tu me réponds! Modère-toi un peu. Eh bien! tu me disais qu'en supposant que Lisette eût du goût* pour toi...
30 après?

DORANTE. — Pourquoi faudrait-il que vous le sussiez, monsieur?

MARIO. — Ah! le voici : c'est que malgré le ton badin* que j'ai pris tantôt, je serais très fâché qu'elle t'aimât; c'est que,
35 sans autre raisonnement, je te défends de t'adresser davantage à elle; non pas dans le fond que je craigne qu'elle t'aime, elle me paraît avoir le cœur trop haut pour cela, mais c'est qu'il me déplaît, à moi, d'avoir Bourguignon pour rival.

DORANTE. — Ma foi, je vous crois; car Bourguignon, tout
40 Bourguignon qu'il est, n'est pas même content que vous soyez le sien.

MARIO. — Il prendra patience.

---

1. *Précieux :* affecté; 2. *Délicatesses :* raffinements du langage; 3. *Attaquer :* engager le combat avec, d'où chercher à séduire (métaphore fréquente aux XVIIe et XVIIIe siècles); 4. *Sans doute :* sans aucun doute; 5. *Ridicule* s'employait, en langue classique, comme substantif masculin et féminin pour désigner une personne ridicule.

QUESTIONS

5. Dorante n'oublie-t-il pas pendant un instant qu'il est un valet? Comment se rattrape-t-il ensuite? — Pourquoi Mario cesse-t-il aussi de tutoyer Dorante? Est-ce un piège tendu à Dorante? ou bien oublie-t-il lui aussi qu'il est en présence d'un faux valet?

DORANTE. — Il faudra bien; mais, monsieur, vous l'aimez donc beaucoup?

45 MARIO. — Assez pour m'attacher sérieusement à elle, dès que j'aurai pris de certaines[1] mesures. Comprends-tu ce que cela signifie? **(6)**

DORANTE. — Oui, je crois que je suis au fait; et sur ce pied-là[2] vous êtes aimé sans doute?

50 MARIO. — Qu'en penses-tu? Est-ce que je ne vaux pas la peine de l'être?

DORANTE. — Vous ne vous attendez pas à être loué par vos propres rivaux, peut-être?

MARIO. — La réponse est de bon sens, je te la pardonne;
55 mais je suis bien mortifié de ne pouvoir pas dire qu'on m'aime, et je ne le dis pas pour t'en rendre compte, comme tu le crois bien; mais c'est qu'il faut dire la vérité.

DORANTE. — Vous m'étonnez, monsieur, Lisette ne sait donc pas vos desseins?

60 MARIO. — Lisette sait tout le bien que je lui veux, et n'y paraît pas sensible*, mais j'espère que la raison me gagnera son cœur **(7)**. Adieu, retire-toi sans bruit[3]. Son indifférence pour moi, malgré tout ce que je lui offre, doit te consoler du

---

1. *De certaines mesures. De* a devant *certain* une valeur partitive qui en renforce le sens : « quelques mesures précises parmi toutes celles qui peuvent exister »; **2.** Voir note, II, I, ligne 46; **3.** Sans émettre de protestation. *Bruit* se prend aussi pour « démêlé », « querelle » (*Dictionnaire de l'Académie*, 1694).

QUESTIONS

6. Comment Mario, qui avait perdu le contrôle du dialogue, le reprend-il? Réussit-il à faire perdre à Dorante sa confiance? Pourquoi Dorante peut-il être inquiet de la révélation fictive faite par Mario (voir la scène VI de l'acte premier).

7. L'habileté de Mario : montrez qu'il fait de sa rivalité un encouragement pour Dorante et non un obstacle. Pourquoi n'exploite-t-il pas davantage la jalousie de Dorante?

sacrifice que tu me feras... Ta livrée n'est pas propre à faire
65 pencher la balance en ta faveur, et tu n'es pas fait pour lutter contre moi. **(8) (9)**

SCÈNE III. — SILVIA, DORANTE, MARIO.

MARIO. — Ah! te voilà, Lisette?

SILVIA. — Qu'avez-vous, monsieur? vous me paraissez ému?

MARIO. — Ce n'est rien, je disais un mot à Bourguignon.

5 SILVIA. — Il est triste, est-ce que vous le querelliez[1]?

DORANTE. — Monsieur m'apprend qu'il vous aime, Lisette.

SILVIA. — Ce n'est pas ma faute.

DORANTE. — Et me défend de vous aimer.

SILVIA. — Il me défend donc de vous paraître aimable*.

10 MARIO. — Je ne saurais empêcher qu'il ne t'aime, belle Lisette, mais je ne veux pas qu'il te le dise.

SILVIA. — Il ne me le dit plus; il ne fait que me le répéter. **(10)**

MARIO. — Du moins ne te le répétera-t-il pas quand je serai
15 présent. Retirez-vous, Bourguignon.

1. *Quereller :* voir note, II, XI, ligne 62.

QUESTIONS

8. Montrez que Mario cherche à agir sur la sensibilité de Dorante autant que sur son esprit.

9. SUR L'ENSEMBLE DE LA SCÈNE II. — Pourquoi Dorante ne s'est-il pas fait connaître, après son aveu à Silvia?
— Pour quel motif Mario ne va-t-il pas jusqu'à laisser croire qu'il est payé de retour? Est-ce seulement par fidélité avec ce qu'il a déjà dit?
— Étudiez l'utilité de la scène et sa complexité scénique. Qui se montre le plus habile, Mario ou Dorante?
— Analysez le rythme du dialogue : ne retrouve-t-on pas ici la même ligne sinueuse qu'on retrouve en tant d'autres scènes?

10. L'arrivée de Silvia est-elle fortuite? Comment la complicité de Mario donne-t-elle à la jeune fille le beau rôle dans cette scène? — La situation fausse de Dorante : a-t-il la même identité pour Mario et pour Silvia? Quelle serait sa situation s'il avait révélé son vrai nom à Mario dans la scène précédente? — Comment Dorante peut-il interpréter l'attitude de Silvia en ce début de scène?

DORANTE. — J'attends qu'elle me l'ordonne.

MARIO. — Encore?

SILVIA. — Il dit qu'il attend; ayez donc patience.

DORANTE. — Avez-vous de l'inclination* pour monsieur?

20 SILVIA. — Quoi! de l'amour? Oh! je crois qu'il ne sera pas nécessaire qu'on me le défende. **(11)**

DORANTE. — Ne me trompez-vous pas?

MARIO. — En vérité, je joue ici un joli* personnage! Qu'il sorte donc. A qui est-ce que je parle?

25 DORANTE. — A Bourguignon, voilà tout.

MARIO. — Eh bien, qu'il s'en aille!

DORANTE, *à part.* — Je souffre.

SILVIA. — Cédez, puisqu'il se fâche.

DORANTE, *bas à Silvia.* — Vous ne demandez peut-être pas
30 mieux?

MARIO. — Allons, finissons.

DORANTE. — Vous ne m'aviez pas dit cet amour-là, Lisette. **(12)** **(13)**

QUESTIONS

11. — Quel est le sens réel de cette repartie pour le spectateur? Quels sentiments paraît-elle manifester de la part de Silvia envers Dorante?

12. Sur quelle équivoque se termine la scène? Mario et Dorante interprètent-ils de la même façon l'attitude de Silvia?

13. SUR L'ENSEMBLE DE LA SCÈNE III. — Cette scène s'est-elle déroulée selon les souhaits de Silvia? N'y a-t-il pas un peu de cruauté au fond de la malice de Silvia? Dans quelle mesure prend-elle sa revanche sur certains moments de l'acte II?

— Étudiez les sentiments que l'attitude de Mario a fait naître chez Dorante. Comment se manifestent-ils? Pourquoi Dorante ne peut-il, moins encore dans cette scène que dans la précédente, avouer son identité?

— Comparez le style de cette scène et celui de la scène VI de l'acte premier : quels sont les aspects nouveaux que Mario donne au personnage qu'il s'est créé? Quelles sont les différences entre le mouvement général de chacune de ces deux scènes? Montrez qu'elles ne reposent pas seulement sur le progrès de la passion dans le cœur de Dorante, mais également sur un souci de dissymétrie, que Marivaux cherche à donner aux scènes dans lesquelles les personnages et la situation sont les mêmes.

SCÈNE IV. — MONSIEUR ORGON, MARIO, SILVIA.

SILVIA. — Si je n'aimais pas cet homme-là, avouons que je serais bien ingrate.

MARIO, *riant.* — Ah! ah! ah! ah!

MONSIEUR ORGON. — De quoi riez-vous, Mario?

5 MARIO. — De la colère de Dorante qui sort, et que j'ai obligé de quitter Lisette. **(14)**

SILVIA. — Mais que vous a-t-il dit dans le petit entretien que vous avez eu tête à tête avec lui?

MARIO. — Je n'ai jamais vu d'homme ni plus intrigué[1], ni 10 de plus mauvaise humeur.

MONSIEUR ORGON. — Je ne suis pas fâché qu'il soit la dupe de son propre stratagème, et d'ailleurs, à le[2] bien prendre, il n'y a rien de plus flatteur ni de plus obligeant[3] pour lui que tout ce que tu as fait jusqu'ici, ma fille; mais en voilà assez. **(15)**

15 MARIO. — Mais où en est-il précisément, ma sœur?

SILVIA. — Hélas! mon frère, je vous avoue que j'ai lieu d'être contente.

MARIO. — Hélas! mon frère, dit-elle. Sentez-vous cette paix douce* qui se mêle à ce qu'elle dit?

20 MONSIEUR ORGON. — Quoi! ma fille, tu espères qu'il ira jusqu'à t'offrir sa main dans le déguisement où te voilà?

SILVIA. — Oui, mon cher père, je l'espère. **(16)**

---

1. *Intrigué :* embarrassé; 2. *A le bien prendre :* en jugeant correctement la situation; *le* est un pronom à valeur neutre; 3. *Obligeant :* courtois (sans idée d'une intention que l'on ait de rendre service).

QUESTIONS

14. Pourquoi Mario donne-t-il à sa sœur le nom de son personnage?

15. Dans quelle mesure M. Orgon excuse-t-il ce qui avait pu paraître un peu cruel de la part de Silvia? — En quoi la conduite de Silvia doit-elle « flatter » et « obliger » Dorante, quand il saura la vérité sur celle-ci?

16. Sur quel ton se traduit la confiance de Silvia? Mario a-t-il raison de parler de la *paix douce* (lignes 18-19) qui inspire maintenant les paroles de sa sœur? — Pourquoi M. Orgon ne peut-il imaginer que Silvia se fasse offrir le mariage sous son déguisement?

MARIO. — Friponne[1] que tu es! avec ton cher père, tu ne nous grondes plus à présent, tu nous dis des douceurs*.

25 SILVIA. — Vous ne me passez rien.

MARIO. — Ah! ah! je prends ma revanche; tu m'as tantôt[2] chicané sur mes expressions; il faut bien à mon tour que je badine* un peu sur les tiennes; ta joie est bien aussi divertissante que l'était ton inquiétude.

30 MONSIEUR ORGON. — Vous n'aurez point à vous plaindre de moi, ma fille; j'acquiesce à tout ce qui vous plaît.

SILVIA. — Ah! Monsieur, si vous saviez combien je vous aurai d'obligation! Dorante et moi, nous sommes destinés l'un à l'autre. Il doit m'épouser; si vous saviez combien[3] je lui 35 tiendrai compte de ce qu'il fait aujourd'hui pour moi, combien mon cœur gardera le souvenir de l'excès de tendresse* qu'il me montre! si vous saviez combien tout ceci va rendre notre union aimable*! Il ne pourra jamais se rappeler notre histoire sans m'aimer; je n'y songerai jamais, que je ne l'aime[4]. Vous 40 avez fondé notre bonheur pour la vie, en me laissant faire; c'est un mariage unique; c'est une aventure dont le seul récit est attendrissant; c'est le coup de hasard le plus singulier, le plus heureux, le plus... **(17)**

MARIO. — Ah! ah! ah! que ton cœur a de caquet[5], ma sœur! 45 quelle éloquence!

MONSIEUR ORGON. — Il faut convenir que le régal[6] que tu te donnes est charmant*, surtout si tu achèves. **(18)**

---

1. *Friponne :* femme coquette et habile; 2. *Tantôt :* tout à l'heure; 3. A quel point; 4. Sans l'aimer; 5. *Caquet :* jactance, flot de paroles prétentieuses; 6. *Régal :* partie de plaisir, divertissement.

QUESTIONS

17. Montrez que Silvia, qui n'est plus troublée ni angoissée, retrouve ses manières les plus spontanées. Rapprochez son babillage des propos qu'elle tenait sur le mariage à la scène première de l'acte premier. — Est-elle au fond totalement rassurée sur la solidité de son futur bonheur conjugal? — Est-ce la première fois que Silvia s'émerveille du caractère *unique, singulier*, de son aventure?

18. Que prouvent les réserves de M. Orgon (considéré comme un juge objectif) sur l'aspect social de l'aventure que Silvia veut mener jusqu'au bout?

SILVIA. — Cela vaut fait[1], Dorante est vaincu, j'attends mon captif.

50 MARIO. — Ses fers* seront plus dorés qu'il ne pense; mais je lui crois l'âme en peine, et j'ai pitié de ce qu'il souffre.

SILVIA. — Ce qui lui en coûte à se déterminer ne me le rend que plus estimable*. Il pense qu'il chagrinera son père en m'épousant; il croit trahir[2] sa fortune et sa naissance. Voilà de grands 55 sujets de réflexions; je serai charmée* de triompher. Mais il faut que j'arrache ma victoire, et non pas qu'il me la donne; je veux un combat entre l'amour et la raison. **(19)**

MARIO. — Et que la raison y périsse?

MONSIEUR ORGON. — C'est-à-dire que tu veux qu'il sente 60 toute l'étendue de l'impertinence[3] qu'il croira faire. Quelle insatiable vanité d'amour-propre!

MARIO. — Cela, c'est l'amour-propre d'une femme; et il est tout au plus uni[4]. **(20) (21)**

SCÈNE V. — MONSIEUR ORGON, SILVIA, MARIO, LISETTE.

MONSIEUR ORGON. — Paix, voici Lisette; voyons ce qu'elle nous veut.

LISETTE. — Monsieur, vous m'avez dit tantôt que vous m'abandonniez Dorante, que vous livriez sa tête à ma discré-

1. C'est presque fait, c'est pratiquement fait; 2. *Trahir :* manquer à ce que l'on doit à quelqu'un ou à quelque chose; 3. *Impertinence :* action qui, par sa hardiesse, ne convient pas à la situation où l'on est (v. aussi note I, I, ligne 13); 4. *Uni :* simple, sans façon. Il est le plus uni qui soit.

QUESTIONS

19. Pourquoi Silvia exige-t-elle ce combat? Quel trait de son caractère révèlent ses exigences?

20. M. Orgon et Mario interprètent-ils ses actes de la même façon qu'elle?

21. SUR L'ENSEMBLE DE LA SCÈNE IV. — Dégagez de cette scène les éléments qui font avancer l'action et ceux qui ne font que commenter la situation : lesquels sont les plus nombreux? Où sont placés les premiers dans l'ensemble de la scène? Justifiez cette place.

— Montrez comment le lyrisme de Silvia rejaillit sur Mario et M. Orgon: à quel but scénique obéissent les maximes morales par lesquelles ils répondent à la joie spontanée de Silvia?

— Comment M. Orgon pensait-il que l'aventure allait se dénouer? Pourquoi cède-t-il aux exigences de sa fille?

5 tion[1]; je vous ai pris au mot; j'ai travaillé comme pour moi, et vous verrez de l'ouvrage bien fait; allez, c'est une tête bien conditionnée[2]. Que voulez-vous que j'en fasse à présent? Madame[3] me le cède-t-elle? **(22)**

MONSIEUR ORGON. — Ma fille, encore une fois, n'y[4] pré-
10 tendez-vous rien?

SILVIA. — Non, je te le donne, Lisette; je te remets tous mes droits, et, pour dire comme toi, je ne prendrai jamais de part à un cœur que je n'aurai pas conditionné moi-même.

LISETTE. — Quoi! vous voulez bien que je l'épouse? Mon-
15 sieur le veut bien aussi?

MONSIEUR ORGON. — Oui; qu'il s'accommode[5]! pourquoi t'aime-t-il? **(23)**

MARIO. — J'y consens aussi, moi.

LISETTE. — Moi aussi, et je vous en remercie tous.

20 MONSIEUR ORGON. — Attends, j'y mets pourtant une petite restriction; c'est qu'il faudrait, pour nous disculper de ce qui arrivera, que tu lui dises un peu qui tu es.

LISETTE. — Mais si je le lui dis un peu, il le saura tout à fait.

MONSIEUR ORGON. — Eh bien, cette tête en si bon état ne
25 soutiendra-t-elle pas cette secousse-là? Je ne le crois pas de caractère à s'effaroucher[6] là-dessus.

---

1. *Discrétion :* volonté, décision; mais, dès le XVIIIe siècle, ce mot ne s'emploie plus, en ce sens, que dans des expressions consacrées. *Livrer la tête de quelqu'un à la discrétion d'un vainqueur* (locution de la langue militaire) signifie « donner au vainqueur droit de vie ou de mort sur quelqu'un »; 2. *Conditionner :* faire, fabriquer une chose de manière qu'elle soit dans de bonnes conditions, bien la préparer. *Tête bien conditionnée :* tête pourvue de toutes les qualités requises; 3. La troisième personne, employée comme forme de politesse, commence à se répandre dès la fin du XVIIe siècle, malgré la condamnation des grammairiens; 4. *Y* et *en* peuvent encore remplacer un nom de personne dans la langue du XVIIIe siècle : *y* peut donc renvoyer à *le*, désignant le faux Dorante. Il peut aussi avoir un sens plus général : « ne prétendez-vous rien à cela, n'avez-vous aucune prétention à faire valoir sur cela »? 5. Qu'il donne son accord; 6. *Effaroucher* appartient au style le plus soutenu et se dit de ce qui empêche un homme de « s'apprivoiser », lui fait fuir l'approche et le contact, c'est-à-dire de tout ce qui le scandalise.

QUESTIONS

22. Rapprochez ce début de scène de celui de la scène première de l'acte II. Que s'est-il passé entre-temps sous les yeux du spectateur? Montrez qu'il n'était pas nécessaire que Marivaux montre sur scène les progrès de l'amour de Lisette et d'Arlequin.

23. Pourquoi M. Orgon pose-t-il cette question? Quelles peuvent être les raisons qu'il est en droit d'imaginer à l'amour d'Arlequin pour la fausse Silvia? — D'où vient que cette question reste sans réponse?

LISETTE. — Le voici qui me cherche; ayez donc la bonté de me laisser le champ libre; il s'agit ici de mon chef-d'œuvre. **(24)**

MONSIEUR ORGON. — Cela est juste; retirons-nous.

30 SILVIA. — De tout mon cœur.

MARIO. — Allons. **(25)** **(26)**

SCÈNE VI. — LISETTE, ARLEQUIN.

ARLEQUIN. — Enfin, ma reine, je vous vois et je ne vous quitte plus; car j'ai trop pâti d'avoir manqué de votre présence, et j'ai cru que vous esquiviez la mienne.

LISETTE. — Il faut vous avouer, monsieur, qu'il en était 5 quelque chose[1].

ARLEQUIN. — Comment donc, ma chère âme*, élixir[2] de mon cœur, avez-vous entrepris la fin de ma vie?

LISETTE. — Non, mon cher, la durée m'en est trop précieuse.

ARLEQUIN. — Ah! que ces paroles me fortifient[3]!

---

1. Qu'il y avait une part de vérité; **2.** *Elixir :* ce qu'il y a de meilleur, de plus précieux dans quelque chose (sens figuré). Au sens propre, l'*élixir* est une liqueur médicinale à la saveur douce et aux effets merveilleux; **3.** *Fortifier :* donner des forces morales.

QUESTIONS

24. En proposant à Lisette de cesser son déguisement, M. Orgon fait-il autre chose que de poursuivre le dénouement commencé à la scène précédente? — Pourquoi Lisette ne proteste-t-elle pas, comme l'a fait Silvia? La *vanité d'amour-propre* (voir scène IV, ligne 61) est-elle absente chez elle?

25. SUR L'ENSEMBLE DE LA SCÈNE V. — Le parallélisme entre l'intrigue des maîtres et celle des domestiques est-il parfait? En quoi l'aventure de Lisette et d'Arlequin est-elle « en retard » sur l'intrigue Dorante-Silvia? Comment la rejoint-elle?

— Lisette ne va-t-elle pas rencontrer une désillusion pénible? Commentez cet aspect un peu cruel de sa situation; passe-t-il inaperçu?

26. SUR L'ENSEMBLE DES CINQ PREMIÈRES SCÈNES. — Étudiez dans cette première partie de l'acte III la manière dont Marivaux prépare le dénouement : à quelles nécessités vous paraît répondre le souci manifesté dès le début de l'acte chez Arlequin, chez Dorante, puis chez Lisette de sortir d'une manière ou d'une autre de la comédie qu'ils se donnent depuis le début de la pièce? Quel est l'élément qui s'oppose néanmoins à un dénouement immédiat? Montrez comment la psychologie des personnages contribue à la construction dramatique de l'ensemble.

LISETTE. — Et vous ne devez point douter de ma tendresse*.

ARLEQUIN. — Je voudrais bien pouvoir baiser ces petits mots-là, et les cueillir sur votre bouche avec la mienne. **(27)**

LISETTE. — Mais vous me pressiez sur notre mariage, et mon père ne m'avait pas encore permis de vous répondre; je viens de lui parler, et j'ai son aveu[1] pour vous dire que vous pouvez lui demander ma main quand vous voudrez. **(28)**

ARLEQUIN. — Avant que je la demande à lui, souffrez que je la demande à vous[2]; je veux lui rendre mes grâces de la charité qu'elle aura de vouloir bien entrer dans la mienne, qui en est véritablement indigne.

LISETTE. — Je ne refuse pas de vous la prêter un moment, à condition que vous la prendrez pour toujours.

ARLEQUIN. — Chère petite main rondelette et potelée, je vous prends sans marchander[3]. Je ne suis pas en peine de l'honneur que vous me ferez; il n'y a que celui que je vous rendrai qui m'inquiète.

LISETTE. — Vous m'en rendrez plus qu'il ne m'en faut.

ARLEQUIN. — Ah! que nenni; vous ne savez pas cette arithmétique-là aussi bien que moi.

LISETTE. — Je regarde pourtant votre amour comme un présent du ciel.

ARLEQUIN. — Le présent qu'il vous a fait ne le ruinera pas; il est bien mesquin[5].

---

1. *Aveu :* consentement, approbation; 2. Pour la construction, voir note, II, XII, ligne 11; 3. *Sans marchander :* sans hésiter. Mais le sens premier du verbe (discuter le prix d'une marchandise) est aussi dans l'esprit d'Arlequin : il croit faire une bonne affaire en épousant celle qu'il prend pour Silvia; 4. Se prononce « nani » (*Dictionnaire français* de Richelet, 1680) et n'a « guère d'usage hors de la conversation familière » (*Dictionnaire de l'Académie*, 1694). Le renforcement par *que* est aussi une tournure populaire; 5. *Mesquin :* petit, médiocre.

QUESTIONS

27. Appréciez l'opposition de ton et de style qui se manifeste dès le début de la scène entre les deux personnages. Relevez chez Arlequin les termes et les expressions qui parodient le langage précieux.

28. Comment Lisette tient-elle compte des prescriptions de M. Orgon (acte III, scène V)? Pourquoi n'est-ce pas Arlequin qui parle le premier de la demande en mariage?

LISETTE. — Je ne le trouve que trop magnifique.

35 ARLEQUIN. — C'est que vous ne le voyez pas au grand jour.

LISETTE. — Vous ne sauriez croire combien votre modestie m'embarrasse.

ARLEQUIN. — Ne faites point dépense d'embarras; je serais bien effronté, si je n'étais pas modeste. **(29)**

40 LISETTE. — Enfin, monsieur, faut-il vous dire que c'est moi que votre tendresse* honore?

ARLEQUIN. — Ahi! ahi! je ne sais plus où me mettre.

LISETTE. — Encore une fois, monsieur, je me connais.

ARLEQUIN. — Eh! je me connais bien aussi, et je n'ai pas
45 là une fameuse connaissance[1]; ni vous non plus, quand vous l'aurez faite; mais, c'est là le diable[2] que de me connaître; vous ne vous attendez pas au fond du sac[3].

LISETTE, *à part.* — Tant d'abaissement[4] n'est pas naturel. *(Haut.)* D'où vient[5] me dites-vous cela?

50 ARLEQUIN. — Eh! voilà où gît le lièvre[6].

LISETTE. — Mais encore? Vous m'inquiétez. Est-ce que vous n'êtes pas...

ARLEQUIN. — Ahi! ahi! vous m'ôtez ma couverture[7].

LISETTE. — Sachons de quoi il s'agit. **(30)**

---

1. *Connaissance :* état d'esprit de celui qui connaît; mais aussi liaison qui se fait entre des personnes qui se voient ou se fréquentent, relations que l'on a avec quelqu'un; 2. C'est quelque chose de fâcheux, de pénible; 3. *Le fond du sac* désigne à la fois ce qu'une affaire a de plus secret (sens figuré) et ce que quelqu'un possède en fait de ressources; 4. *Abaissement :* humilité; 5. *D'où vient* (sans adjonction de *que*) était, dans la langue courante, devenu l'équivalent de « pourquoi »; 6. *Ici gît le lièvre* (locution de la langue savante et recherchée) : voici le point délicat, le nœud du problème (c'est la traduction littérale d'une locution latine); 7. La fausse apparence qui le protégeait.

QUESTIONS

29. Étudiez depuis la ligne 17 l'enchaînement des métaphores : comment chaque image rebondit-elle sur un mot de la réplique précédente? Lequel des deux partenaires nous paraît le plus fort à ce jeu? Pourquoi cet échange de répliques se prolonge-t-il aussi longtemps?

30. Le brusque changement de ton de Lisette (ligne 49) : sa franchise trouve-t-elle un écho chez Arlequin? Montrez que celui-ci retrouve du moins le langage de sa condition. — Comparez l'attitude de Lisette à celle de Silvia à la scène XII de l'acte II (lignes 42-44).

55 ARLEQUIN, *à part.* — Préparons un peu cette affaire-là... *(Haut.)* Madame, votre amour est-il d'une constitution robuste? Soutiendra-t-il bien la fatigue que je vais lui donner? Un mauvais gîte lui fait-il peur? Je vais le loger petitement[1].

LISETTE. — Ah! tirez-moi d'inquiétude. En un mot, qui 60 êtes-vous?

ARLEQUIN. — Je suis... N'avez-vous jamais vu de fausse monnaie? Savez-vous ce que c'est qu'un louis d'or faux? Eh bien, je ressemble assez à cela.

LISETTE. — Achevez donc, quel est votre nom?

65 ARLEQUIN. — Mon nom? *(A part.)* Lui dirai-je que je m'appelle Arlequin? Non; cela rime trop avec coquin.

LISETTE. — Eh bien?

ARLEQUIN. — Ah dame! il y a un peu à tirer[2] ici! Haïssez-vous la qualité[3] de soldat?

70 LISETTE. — Qu'appelez-vous un soldat?

ARLEQUIN. — Oui, par exemple, un soldat d'antichambre[4].

LISETTE. — Un soldat d'antichambre! Ce n'est donc point Dorante à qui[5] je parle enfin?

ARLEQUIN. — C'est lui qui est mon capitaine.

75 LISETTE. — Faquin!

ARLEQUIN, *à part.* — Je n'ai pu éviter la rime.

---

1. *Petitement :* à l'étroit, mais aussi de manière mesquine, sans grandeur; 2. *Il y a à tirer :* il faut se donner de la peine; 3. *Qualité :* érudition, situation; 4. A comparer à l'expression *propos d'antichambre :* propos de valets; 5. Voir note, II, XII, ligne 33.

QUESTIONS

31. Les effets comiques dans l'aveu d'Arlequin : son art des métaphores ne reparaît-il pas ici, mais avec une autre résonance qu'au début de la scène? — L'attitude de Lisette : est-ce tellement la désillusion qui explique sa brusquerie impérative? N'oublie-t-elle pas à ce moment qu'elle est, elle aussi, d'une humble condition? — Dorante ayant joué son rôle sous le nom de « Bourguignon », et le nom d'Arlequin n'ayant jamais été prononcé au cours de la pièce, commentez la réplique de la ligne 66.

LISETTE. — Mais, voyez ce magot[1], tenez!

ARLEQUIN. — La jolie culbute[2] que je fais là!

LISETTE. — Il y a une heure que je lui demande grâce, et
80 que je m'épuise en humilités pour cet animal-là[3].

ARLEQUIN. — Hélas! madame, si vous préfériez l'amour à la gloire, je vous ferais bien autant de profit qu'un Monsieur[4].

LISETTE, *riant*. — Ah! ah! ah! je ne saurais pourtant m'empêcher d'en rire, avec sa gloire, et il n'y a plus que ce parti-là
85 à prendre... Va, va, ma gloire te pardonne; elle est de bonne composition. **(31) (32)**

ARLEQUIN. — Tout de bon, charitable dame[5]? Ah! que mon amour vous promet de reconnaissance! **(33)**

LISETTE. — Touche là, Arlequin; je suis prise pour dupe :
90 le soldat d'antichambre de Monsieur vaut bien la coiffeuse de Madame. **(34)**

ARLEQUIN. — La coiffeuse de Madame!

LISETTE. — C'est mon capitaine, ou l'équivalent.

ARLEQUIN. — Masque[6]!

95 LISETTE. — Prends ta revanche.

ARLEQUIN. — Mais voyez cette magotte[7], avec qui, depuis une heure, j'entre en confusion[8] de ma misère!

LISETTE. — Venons au fait. M'aimes-tu?

ARLEQUIN. — Pardi! oui. En changeant de nom tu n'as
100 pas changé de visage, et tu sais bien que nous nous sommes promis fidélité en dépit de toutes les fautes d'orthographe[9].

---

1. *Magot :* sorte de singe, voire homme laid et ridicule; **2.** *Culbute :* au sens figuré, le fait de tomber de la faveur dans la disgrâce, de la richesse dans la pauvreté; **3.** *Animal :* voir note, II, VII, ligne 3; **4.** *Monsieur :* maître, mais aussi personne de condition; **5.** Arlequin donne à *dame* la même valeur emphatique qu'à *Monsieur;* **6.** *Masque :* injure adressée à une femme pour lui reprocher sa malice; **7.** *Magotte :* féminin forgé plaisamment sur *magot;* **8.** *Entrer en confusion de :* changement burlesque de l'expression habituelle *être en confusion de*, être honteux de; **9.** *Fautes d'orthographe :* rappel de la réplique de l'acte II, scène V, ligne 47.

QUESTIONS

32. Étudiez les différents sentiments de Lisette. — Expliquez le jeu de mots sur *gloire.*

33. Pourquoi une certaine naïveté est-elle nécessaire chez Arlequin, pour rester dans la comédie?

34. Pour quelles raisons Lisette précipite-t-elle l'aveu de sa condition? Quand l'a-t-elle amorcé? Étudiez les effets de comique mécanique.

Phot. Bruckmann.

L'AMOUR AU THEATRE-ITALIEN

Tableau de Watteau (1684-1721). — Berlin, Kaiser Friedrich Museum.

Phot. Bulloz.

L'AMOUR AU THEATRE-FRANÇAIS

Tableau de Watteau (1684-1721). — Berlin, Kaiser Friedrich Museum.

LISETTE. — Va, le mal n'est pas grand, consolons-nous; ne faisons semblant de rien, et n'apprêtons[1] point à rire. Il y a apparence que ton maître est encore dans l'erreur à l'égard de
105 ma maîtresse; ne l'avertis de rien; laissons les choses comme elles sont. Je crois que le voici qui entre. Monsieur, je suis votre servante.

ARLEQUIN. — Et moi votre valet[2] madame. *(Riant.)* Ah! ah! ah! **(35) (36)**

SCÈNE VII. — DORANTE, ARLEQUIN.

DORANTE. — Eh bien, tu quittes la fille d'Orgon; lui as-tu dit qui tu étais?

ARLEQUIN. — Pardi! oui. La pauvre enfant! j'ai trouvé son cœur plus doux qu'un agneau, il n'a pas soufflé[3]. Quand je
5 lui ai dit que je m'appelais Arlequin, et que j'avais un habit d'ordonnance[4] : « Eh bien, mon ami, m'a-t-elle dit, chacun a

---

1. *Apprêter à :* donner l'occasion de... Le *Dictionnaire* français-italien et italien-français, anonyme, imprimé à Duillier (1677) signale cet emploi de *apprêter à rire* comme « souffert seulement dans le style bas ou burlesque ». Cette locution se trouve dans Molière (Prologue d'*Amphitryon*); 2. Jeu ironique sur les formules de politesse : « votre serviteur » (voir I, VI, lignes 30-32); 3. *Ne pas souffler :* ne pas protester; 4. *D'ordonnance :* d'uniforme, lié à une fonction.

QUESTIONS

35. Est-il naturel, étant donné le caractère d'Arlequin et de Lisette, et compte tenu de la situation où ils se trouvent, qu'ils songent maintenant à continuer leur comédie pour les autres?

36. SUR L'ENSEMBLE DE LA SCÈNE VI. — Quels sont les différents moments de ce dialogue? Quel est le rythme de chacun? Comparez cette scène à la scène XII de l'acte II : dans quelle mesure en est-elle la parodie burlesque? Situez cette scène dans l'acte : pourquoi une scène où l'élément comique est important est-elle située à cet endroit précis de l'acte (à peu près au milieu)?

— Étudiez la psychologie des deux personnages au cours de la scène : expliquez chez Arlequin le mélange d'une fausse préciosité et de la simplicité. Comment Marivaux évite-t-il de rendre Lisette ridicule, malgré ce qu'elle craignait (voir ses répliques à M. Orgon, acte III, scène V)?

— Caractérisez la peinture faite par Marivaux dans cette scène de la condition de valet d'après les comportements et le vocabulaire des deux protagonistes.

— Étudiez les effets comiques de la scène et énumérez, éventuellement, les différentes catégories auxquelles ils appartiennent : le comique des caractères vous paraît-il plus important que les effets mécaniques tirés des répétitions de mots ou de situations?

son nom dans la vie, chacun a son habit. Le vôtre ne vous coûte rien. Cela ne laisse pas que d'être gracieux[1]. »

DORANTE. — Quelle sotte histoire me contes-tu là?

10 ARLEQUIN. — Tant y a[2] que je vais la demander en mariage.

DORANTE. — Comment! elle consent à t'épouser?

ARLEQUIN. — La voilà bien malade!

DORANTE. — Tu m'en imposes[3]; elle ne sait pas qui tu es.

ARLEQUIN. — Par la ventrebleu[4]! voulez-vous gager que je 15 l'épouse avec la casaque[5] sur le corps; avec une souquenille[6], si vous me fâchez? Je veux bien que vous sachiez qu'un amour de ma façon n'est point sujet à la casse, que je n'ai pas besoin de votre friperie[7] pour pousser ma pointe[8], et que vous n'avez qu'à me rendre la mienne.

20 DORANTE. — Tu es un fourbe; cela n'est pas concevable, et je vois bien qu'il faudra que j'avertisse M. Orgon.

ARLEQUIN. — Qui? notre père? Ah! le bon homme! nous l'avons dans notre manche. C'est le meilleur humain, la meilleure pâte d'homme!... Vous m'en direz des nouvelles.

25 DORANTE. — Quel extravagant! As-tu vu Lisette?

ARLEQUIN. — Lisette? non. Peut-être a-t-elle passé devant mes yeux; mais un honnête homme ne prend pas garde à une chambrière. Je vous cède ma part de cette attention-là.

DORANTE. — Va-t'en; la tête te tourne.

30 ARLEQUIN. — Vos petites manières sont un peu aisées; mais c'est la grande habitude[9] qui fait cela. Adieu. Quand j'aurai épousé, nous vivrons but à but[10]. Votre soubrette arrive. Bon-

---

1. Les guillemets des éditions modernes peuvent être placés à la fin de la réplique (dans ce cas, la dernière phrase signifie « le fait que votre habit ne vous coûte rien ne manque pas d'être agréable »), ou bien à la fin de l'avant-dernière phrase (la dernière phrase signifie alors « cette remarque de Silvia ne manque pas d'être aimable »); **2.** *Tant y a*, au lieu de « tant il y a », est une forme ancienne, restée dans le langage populaire. En effet, au Moyen Age, les deux tournures « il y a » et « y a » coexistaient; **3.** *En imposer :* ici tromper, dire des mensonges; **4.** *Ventrebleu :* forme de juron atténuée; **5.** *Casaque :* sorte de manteau porté par un valet sur sa livrée; **6.** *Souquenille :* longue blouse portée par les laquais pour les gros travaux; vieux vêtement sale; **7.** *Votre friperie :* vos vêtements (terme péjoratif); **8.** *Pousser ma pointe :* poursuivre mon projet jusqu'au bout (expression venue de la fauconnerie); **9.** *Habitude :* fréquentation quotidienne de quelqu'un. Dorante a coutume de traiter son valet de haut, mais, à en croire Arlequin, cela va bientôt cesser; **10.** *But à but :* sans avantage ou supériorité de part et d'autre; sur le même plan.

jour, Lisette : je vous recommande Bourguignon; c'est un garçon qui a quelque mérite*. **(37)**

SCÈNE VIII. — DORANTE, SILVIA.

DORANTE, *à part.* — Qu'elle est digne d'être aimée! Pourquoi faut-il que Mario m'ait prévenu[1]? **(38)**

SILVIA. — Où étiez-vous donc, monsieur? Depuis que j'ai quitté Mario, je n'ai pu vous retrouver pour vous rendre compte
5 de ce que j'ai dit à M. Orgon.

DORANTE. — Je ne me suis pourtant pas éloigné. Mais de quoi s'agit-il?

SILVIA, *à part.* — Quelle froideur! *(Haut.)* J'ai eu beau décrier votre valet et prendre sa conscience à témoin de son peu de
10 mérite*; j'ai eu beau lui représenter[2] qu'on pouvait du moins reculer le mariage, il ne m'a pas seulement écoutée. Je vous avertis même qu'on parle d'envoyer chez[3] le notaire, et qu'il est temps de vous déclarer[4]. **(39)**

---

1. *Prévenir :* devancer; 2. *Représenter :* exprimer, faire observer; 3. Locution très courante à l'époque classique, dans laquelle le complément du verbe est sous-entendu : envoyer quelqu'un chez...; 4. *Se déclarer :* faire connaître sa véritable identité, mais aussi dans la langue des sentiments, avouer ouvertement son amour, faire une déclaration d'amour.

QUESTIONS

37. SUR LA SCÈNE VII. — La progression du burlesque par rapport à la scène précédente : étudiez les jeux de mots, mots à double entente, clins d'œil au spectateur. Montrez que la présence d'Arlequin sur scène, liée au genre bouffon, importe ici plus que son rôle et sa vraisemblance psychologique.

— Appréciez l'utilité dramatique de la scène : en quoi est-ce une scène de transition? Montrez que Marivaux veut décomposer le dénouement en plusieurs étapes par des scènes de ton et de genre très caractérisés et très différents entre eux.

— Quels peuvent être les sentiments de Dorante en apprenant la nouvelle de ce mariage entre Arlequin et celle qu'il prend toujours pour Silvia? Reportez-vous notamment à la scène XII de l'acte II, lignes 52-55.

38. Depuis quand Silvia et Dorante ne se sont-ils pas rencontrés? Les événements qui se sont passés depuis le début de l'acte III peuvent-ils avoir encouragé Dorante à rester?

39. Rapprochez la déclaration de Silvia (lignes 8-13) de ce qu'elle avait dit à la fin de la scène XII de l'acte II (lignes 75-78). Quel conseil en tire-t-elle à l'usage de Dorante? Montrez-en l'intention secrète : comment Dorante le comprend-il? — Montrez que Silvia, comme Lisette au début de la scène, désire mener la scène.

DORANTE. — C'est mon intention. Je vais partir *incognito*[1],
15 et je laisserai un billet qui instruira M. Orgon de tout. **(40)**

SILVIA, *à part.* — Partir! ce n'est pas là mon compte[2].

DORANTE. — N'approuvez-vous pas mon idée?

SILVIA. — Mais... pas trop.

DORANTE. — Je ne vois pourtant rien de mieux dans la
20 situation où je suis, à moins que de parler moi-même, et je ne saurais m'y résoudre. J'ai d'ailleurs d'autres raisons qui veulent que je me retire; je n'ai plus que faire ici.

SILVIA. — Comme je ne sais pas vos raisons, je ne puis ni les approuver ni les combattre, et ce n'est pas à moi à vous les
25 demander.

DORANTE. — Il vous est aisé de les soupçonner, Lisette.

SILVIA. — Mais je pense, par exemple, que vous avez du dégoût pour la fille de M. Orgon.

DORANTE. — Ne voyez-vous que cela?

30 SILVIA. — Il y a bien encore certaines choses que je pourrais supposer; mais je ne suis pas folle, et je n'ai pas la vanité de m'y arrêter.

DORANTE. — Ni le courage d'en parler; car vous n'auriez rien d'obligeant à me dire. Adieu, Lisette.

35 SILVIA. — Prenez garde; je crois que vous ne m'entendez[3] pas, je suis obligée de vous le dire.

DORANTE. — A merveille! et l'explication ne me serait pas favorable. Gardez-moi le secret jusqu'à mon départ.

SILVIA. — Quoi! sérieusement, vous partez?

40 DORANTE. — Vous avez bien peur que je ne change d'avis.

SILVIA. — Que vous êtes aimable* d'être si bien au fait!

---

1. *Incognito :* sans prendre officiellement congé. Ce mot italien est déjà signalé par Vaugelas dans ses *Remarques sur la langue française* (1647); il servait (comme encore maintenant) à qualifier la façon dont certains grands personnages, désireux d'éviter les cérémonies officielles attachées à leurs fonctions, voyageaient sans se faire connaître; 2. Ce n'est pas là quelque chose qui me rapporte, qui soit de mon intérêt; 3. *Entendre :* comprendre à demi-mot.

QUESTIONS

40. Pourquoi Dorante ne peut-il se résoudre à faire publiquement connaître son identité et préfère-t-il s'en aller sous son déguisement de valet? — Dégagez les causes du malentendu entre Dorante et Silvia. — Comment se marque l'indécision de Dorante dans cette première partie de la scène?

DORANTE. — Cela est bien naïf[1]. Adieu. **(41)**

SILVIA, *à part.* — S'il part, je ne l'aime plus, je ne l'épouserai jamais... *(Elle le regarde aller.)* Il s'arrête pourtant; il rêve,[2] il
45 regarde si je tourne la tête, et je ne saurais le rappeler, moi... Il serait pourtant singulier qu'il partît, après tout ce que j'ai fait!... Ah! voilà qui est fini, il s'en va; je n'ai pas tant de pouvoir sur lui que je le croyais. Mon frère est un maladroit; il s'y est mal pris, les gens indifférents gâtent tout. Ne suis-je
50 pas bien avancée? Quel dénoûment! Dorante reparaît pourtant; il me semble qu'il revient. Je me dédis donc; je l'aime encore... Feignons de sortir, afin qu'il m'arrête; il faut bien que notre réconciliation lui coûte quelque chose. **(42)**

DORANTE, *l'arrêtant.* — Restez, je vous prie; j'ai encore
55 quelque chose à vous dire.

SILVIA. — A moi, monsieur?

DORANTE. — J'ai de la peine à partir sans vous avoir convaincue que je n'ai pas tort de le faire.

SILVIA. — Eh! monsieur, de quelle conséquence est-il de
60 vous justifier auprès de moi? Ce n'est pas la peine; je ne suis qu'une suivante, et vous me le faites bien sentir.

DORANTE. — Moi, Lisette! est-ce à vous de vous plaindre, vous qui me voyez prendre mon parti[3] sans me rien dire?

SILVIA. — Hum! si je voulais, je vous répondrais bien là-
65 dessus.

DORANTE. — Répondez donc, je ne demande pas mieux que de me tromper. Mais que dis-je? Mario vous aime.

SILVIA. — Cela est vrai.

---

1. *Naïf :* dit d'une manière spontanée, sans détour; 2. *Rêver :* réfléchir, méditer; 3. Prendre ma décision.

QUESTIONS

41. L'amour-propre de Silvia n'est-il pas de nouveau à l'épreuve? Jusqu'où pousse-t-elle les concessions pour retenir Dorante? A quel moment sa susceptibilité se réveille-t-elle? — Étudiez dans ces répliques l'usage de la forme négative.

42. Le monologue de Silvia : quels sont les sentiments successifs de Silvia? Pourquoi pense-t-elle d'abord à *tout ce qu'*[elle a] *fait?* — Comment Marivaux donne-t-il, à ce moment d'émotion intense, l'expression dramatique et théâtrale qui traduise la rapidité des réactions de Silvia de façon visible pour les spectateurs? — Pourquoi feindre de sortir au lieu d'aller vers Dorante? Comment l'amour-propre de Silvia refuse-t-il une fois de plus de céder devant son amour?

DORANTE. — Vous êtes sensible* à son amour; je l'ai vu
70 par l'extrême envie que vous aviez tantôt que je m'en allasse; ainsi vous ne sauriez m'aimer.

SILVIA. — Je suis sensible* à son amour! qui est-ce qui vous l'a dit? Je ne saurais vous aimer! qu'en savez-vous? Vous décidez bien vite. **(43)**

75 DORANTE. — Eh bien, Lisette, par tout ce que vous avez de plus cher au monde, instruisez-moi de ce qui en est, je vous en conjure.

SILVIA. — Instruire un homme qui part!

DORANTE. — Je ne partirai point.

80 SILVIA. — Laissez-moi. Tenez, si vous m'aimez, ne m'interrogez point. Vous ne craignez que mon indifférence et vous êtes trop heureux que je me taise. Que vous importent mes sentiments? **(44)**

DORANTE. — Ce qu'ils m'importent, Lisette? peux-tu douter
85 encore que je ne t'adore*? **(45)**

SILVIA. — Non, et vous me le répétez si souvent que je vous crois, mais pourquoi m'en persuadez-vous? que voulez-vous que je fasse de cette pensée-là, monsieur? Je vais vous parler à cœur ouvert. Vous m'aimez; mais votre amour n'est pas une
90 chose bien sérieuse pour vous. Que de ressources n'avez-vous pas pour vous en défaire! La distance qu'il y a de vous à moi, mille objets* que vous allez trouver sur votre chemin, l'envie qu'on aura de vous rendre sensible*, les amusements d'un homme de votre condition, tout va vous ôter cet amour dont
95 vous m'entretenez impitoyablement. Vous en rirez peut-être au sortir d'ici, et vous aurez raison. Mais moi, monsieur, si je m'en ressouviens, comme j'en ai peur, s'il m'a frappée, quel secours aurai-je contre l'impression qu'il m'aura faite? Qui est-ce qui me dédommagera de votre perte? Qui voulez-vous
100 que mon cœur mette à votre place? Savez-vous bien que, si

QUESTIONS

43. Pourquoi Silvia est-elle désormais obligée de laisser paraître la vérité? Comment s'y prend-elle? Est-ce toujours elle qui mène le jeu?

44. Montrez comment Silvia retarde néanmoins le moment d'un aveu plus explicite de ses sentiments à l'égard de Dorante. Pourquoi?

45. Comment Silvia gagne-t-elle la victoire point par point? Étudiez le développement des sentiments de Dorante depuis la scène XII de l'acte II, et en particulier à travers son vocabulaire.

je vous aimais, tout ce qu'il y a de plus grand dans le monde ne me toucherait plus? Jugez donc de l'état où je resterais. Ayez la générosité* de me cacher votre amour. Moi qui vous parle, je me ferais un scrupule de vous dire que je vous aime, dans les
105 dispositions où vous êtes. L'aveu de mes sentiments pourrait exposer[1] votre raison, et vous voyez bien aussi que je vous les cache. **(46)**

DORANTE. — Ah! ma chère Lisette, que viens-je d'entendre? tes paroles ont un feu[2] qui me pénètre. Je t'adore*, je te res-
110 pecte; il n'est ni rang, ni naissance, ni fortune qui ne disparaisse devant une âme comme la tienne. J'aurais honte que mon orgueil tînt encore contre toi, et mon cœur et ma main t'appartiennent. **(47)**

SILVIA. — En vérité, ne mériteriez-vous pas que je les prisse?
115 ne faut-il pas être bien généreuse* pour vous dissimuler le plaisir qu'ils me font? et croyez-vous que cela puisse durer?

DORANTE. — Vous m'aimez donc?

SILVIA. — Non, non; mais si vous me le demandez encore, tant pis pour vous.

120 DORANTE. — Vos menaces ne me font point de peur.

SILVIA. — Et Mario, vous n'y songez donc plus?

DORANTE. — Non, Lisette, Mario ne m'alarme plus; vous ne l'aimez point; vous ne pouvez plus me tromper; vous avez le cœur vrai[3]; vous êtes sensible* à ma tendresse*. Je ne saurais

---

1. *Exposer :* faire courir des dangers à; 2. *Feu :* force de persuasion; 3. *Vrai :* sincère.

QUESTIONS

46. Analysez la composition de cette tirade : équilibre des parties, gradation des arguments, effets oratoires. Peut-on imaginer que tant d'éloquence est spontanée? Montrez que pourtant la vraie Silvia s'exprime ici à travers les propos de la suivante. — Quels soucis véritables (revoir la scène première de l'acte premier) restent au fond du cœur de Silvia, au moment où elle souhaite de Dorante un engagement définitif?

47. Pourquoi Dorante se met-il à l'unisson de Silvia? Sa déclaration prouve-t-elle réellement qu'il a abandonné tout préjugé de classe? De quel *orgueil* est-il question (ligne 112)? — Dorante doit-il être considéré comme le porte-parole de Marivaux et doit-on penser que l'exemple de Dorante prouve qu'en tous les cas la différence de condition ne saurait être un obstacle à l'amour?

25 en douter au transport* qui m'a pris, j'en suis sûr; et vous ne sauriez plus m'ôter cette certitude-là.

SILVIA. — Oh! je n'y tâcherai point[1], gardez-la; nous verrons ce que vous en ferez.

DORANTE. — Ne consentez-vous pas d'être à moi?

30 SILVIA. — Quoi! vous m'épouserez malgré ce que vous êtes, malgré la colère d'un père, malgré votre fortune? **(48)**

DORANTE. — Mon père me pardonnera dès qu'il vous aura vue; ma fortune nous suffit à tous deux, et le mérite* vaut bien la naissance. Ne disputons[2] point, car je ne changerai jamais.

35 SILVIA. — Il ne changera jamais! Savez-vous bien que vous me charmez*, Dorante?

DORANTE. — Ne gênez[3] donc plus votre tendresse*, et laissez-la répondre.

SILVIA. — Enfin, j'en suis venue à bout. Vous... vous ne 40 changerez jamais?

DORANTE. — Non, ma chère Lisette.

SILVIA. — Que d'amour! **(49)** **(50)**

---

1. Je ne m'y efforcerai pas; 2. *Disputer :* discuter; 3. *Gêner :* entraver, empêcher, contraindre. Le sens fort du XVIIe siècle (« torturer ») s'est alors atténué.

QUESTIONS

48. Silvia est-elle sûre maintenant de sa victoire? — Pourquoi ses propos semblent-ils en retrait par rapport à sa tirade précédente? Quels sentiments la poussent à retarder son propre aveu? Est-ce plaisir de taquiner Dorante, nécessité de le mettre à l'épreuve, habileté pour obtenir une victoire plus complète encore? — N'y a-t-il pas un dernier obstacle possible, auquel Dorante n'a pas fait allusion, mais que Silvia a présent à l'esprit?

49. Silvia a-t-elle obtenu tout ce qu'elle désirait? — Quelle est, dans sa victoire, la promesse qu'elle fait répéter à Dorante? Pourquoi? — Sur quel ton doit-elle prononcer l'exclamation finale?

50. SUR L'ENSEMBLE DE LA SCÈNE VIII. — Faites le plan de la scène et dénombrez-en les grands moments. Quel en est le point culminant? Silvia a-t-elle mené le *combat entre l'amour et la raison* dont elle parlait à la scène IV de l'acte III?

— Étudiez l'intensité dramatique de la scène. Qu'est-ce qui limite et corrige le pathétique?

— Marivaux moraliste : relevez dans cette scène les phrases qui prennent tournure de maximes. Peut-on en déduire clairement les intentions de l'auteur dans *le Jeu de l'amour et du hasard?*

SCÈNE IX. — MONSIEUR ORGON, SILVIA, DORANTE, LISETTE, ARLEQUIN, MARIO.

SILVIA. — Ah! mon père, vous avez voulu que je fusse à Dorante. Venez voir votre fille vous obéir avec plus de joie qu'on n'en eut jamais. **(51)**

DORANTE. — Qu'entends-je! vous son père, monsieur?

5 SILVIA. — Oui, Dorante; la même idée de nous connaître nous est venue à tous deux. Après cela, je n'ai plus rien à vous dire; vous m'aimez, je n'en saurais douter, mais, à votre tour, jugez de mes sentiments pour vous, jugez du cas que j'ai fait de votre cœur par la délicatesse avec laquelle j'ai tâché de 10 l'acquérir.

MONSIEUR ORGON. — Connaissez-vous cette lettre-là? Voilà par où j'ai appris votre déguisement, qu'elle n'a pourtant su que par vous.

DORANTE. — Je ne saurais vous exprimer mon bonheur, 15 madame; mais ce qui m'enchante le plus, ce sont les preuves que je vous ai données de ma tendresse*. **(52)**

MARIO. — Dorante me pardonne-t-il la colère où j'ai mis Bourguignon?

DORANTE. — Il ne vous la pardonne pas, il vous en remercie.

QUESTIONS

51. De quelle manière Marivaux amène-t-il l'aveu de Silvia? Pourquoi avoir attendu l'arrivée de M. Orgon et de Mario?

52. En quoi les sentiments de Dorante rejoignent-ils exactement ceux de Silvia? Faut-il reprocher aux deux jeunes gens de mettre chacun en valeur la qualité de leur sentiment ou penser que l'estime d'eux-mêmes est la garantie de leur estime mutuelle? — Quelles sont les traditions auxquelles Marivaux se conforme dans les dernières répliques? Comparez le ton sur lequel se termine chacun des trois actes.

20 ARLEQUIN, *à Lisette.* — De la joie, madame! Vous avez perdu votre rang; mais vous n'êtes point à plaindre, puisque Arlequin vous reste.

LISETTE. — Belle consolation! il n'y a que toi qui gagnes à cela.

25 ARLEQUIN. — Je n'y perds pas. Avant notre connaissance, votre dot valait mieux que vous; à présent, vous valez mieux que votre dot. Allons, saute, marquis[1]! **(53) (54)**

---

1. Expression passée en proverbe pour exprimer la joie. Dans *le Joueur*, de Regnard (1696), le marquis monologue (IV, IX) :

> Eh bien marquis, tu vois, tout rit à ton mérite
> Le rang, le cœur, le bien, tout pour toi sollicite;
> Tu dois être content de toi par tout pays;
> On le serait à moins : allons saute, marquis...

Et, dans les vers suivants, il reprend trois fois cette formule pour marquer sa joie.

QUESTIONS

53. SUR L'ENSEMBLE DE LA SCÈNE IX. — En quoi cette scène est-elle la dernière étape du dénouement, et non simplement une sorte de ballet final?

54. SUR L'ENSEMBLE DE L'ACTE III. — Les différentes phases du dénouement : en combien de situations Marivaux l'a-t-il décomposé? Comment se poursuit, parallèlement, le dénouement à l'échelon des domestiques et à celui des maîtres? Y a-t-il seulement parallélisme entre les deux échelons?

— Quel est le personnage central de l'acte? Étudiez l'évolution de sa situation par rapport aux autres personnages et l'enrichissement de la peinture de son caractère.

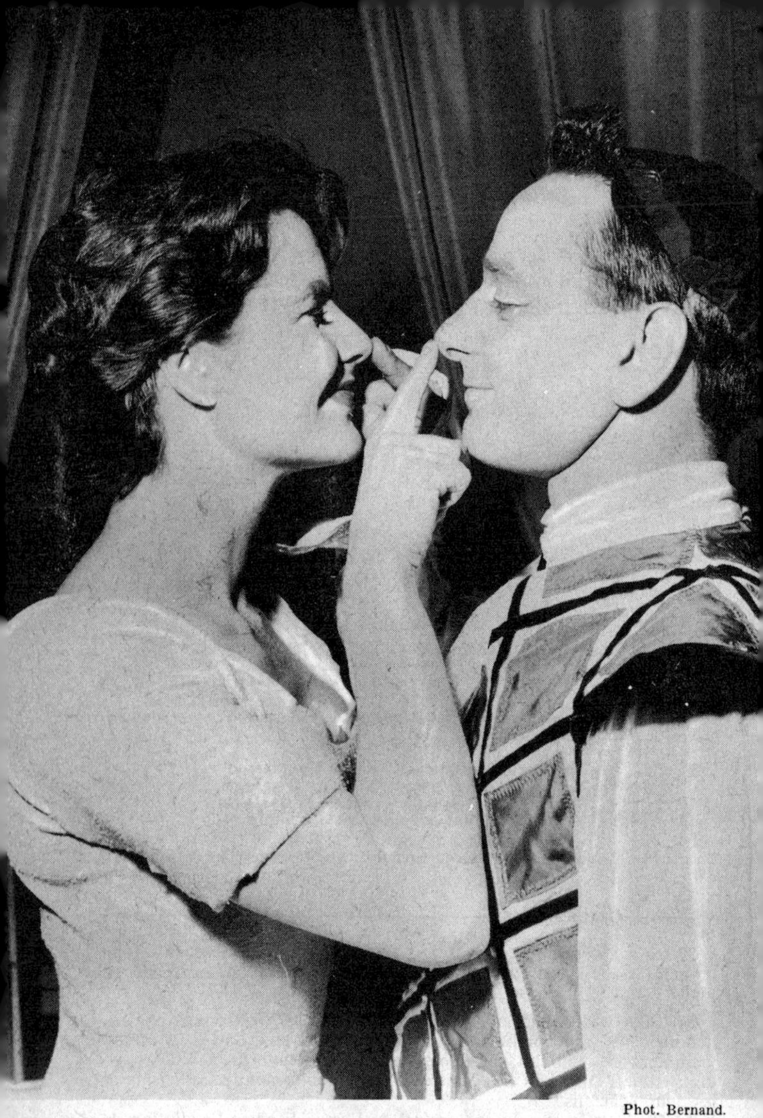

Phot. Bernand.

« ... Monsieur, je suis votre servante.
— Et moi votre valet, madame. »
(Acte III, scène VI, lignes 106-108.)

Claire Duhamel (Lisette) et Guy Piérauld (Arlequin) dans *le Jeu de l'amour et du hasard* à l'Athénée (1960).

DOCUMENTATION THÉMATIQUE

réunie par la Rédaction des Nouveaux Classiques Larousse

1. MARIVAUX MORALISTE

1.0. PROBLÈMES GÉNÉRAUX

Dès *Pharsamond*, Marivaux avouait : « J'aime à moraliser, c'est ma fureur. » Marcel Arland précise dans quelle perspective il convient de prendre ce terme (préface à l'édition de la Bibliothèque de la Pléiade du théâtre de Marivaux, p. XXIX) :

Marivaux n'est pas un moraliste de cabinet. S'il réfléchit, c'est sur une matière vivante et sans le moindre souci d'une doctrine. Il observe et s'émeut, retient une scène, trace un croquis; nous les retrouverons dans ses pièces comme dans ses romans. Mais qu'est-ce qui l'attire? Non pas les individus, me semble-t-il, dans leurs particularités et leur destin privé; plutôt leurs rapports; avant tout, c'est l'homme qu'il cherche et qu'il étudie, les éléments stables, les ressorts éternels de l'homme sous les mille visages des individus.

L'insistance mise sur les rapports entre les personnages par la critique, les caractères passant au second plan, paraît-elle vérifiée dans *le Jeu?* Relation entre la situation de la comédie de caractère après Molière et le tournant que marque Marivaux; on se demandera comment on aboutit aux recherches de Diderot (peinture des conditions et des relations, 3e *Entretien sur « le Fils naturel »*).

Dans cette investigation entre une part de cruauté, liée au caractère dramatique de l'œuvre; M. Arland (*Marivaux*, Gallimard, 1950) le note :

> Ces personnages, si limités qu'ils soient, peuvent souffrir : c'en est assez pour Marivaux, dont le cœur est là-dessus plein d'imagination. Il guette, il jouit de leur aveuglement et de sa lucidité. A la *commedia dell'arte* mêlant *Bérénice*, il les pousse d'une épreuve à l'autre, se plaît à leur gêne, à leur humiliation, à leur défaite, parfois même à leurs ridicules, et tire de leurs blessures des plaintes ravissantes.

Dans quelle mesure le rapprochement souvent fait avec Racine est-il acceptable? On cherchera ce qui, sur le plan psychologique, justifie la remarque : choix des sujets, réactions des personnages. Où se trouve la limite? Les aspects scéniques qui justifient l'évocation de la *commedia dell'arte :* mouvement, mise en scène, mimique, certains types de comique.

Et pourtant aucune malveillance ne transparaît dans cette peinture, généralement indulgente au moins, comme le signale encore Marcel Arland *(Marivaux) :*

> Et devant tous ces jeunes amants, c'est toujours Marivaux, sa pudeur, son œil lucide, sa cruelle sensibilité et cette sorte

d'obsession qui revêt enfin un caractère assez curieux chez un homme si charitable, un si brillant esprit, un moraliste si généreux.

1.1. LES FEMMES ET L'AMOUR

A. Importance de l'amour.

Les commentateurs admettent que la majorité des comédies de Marivaux ont pour ressort l'amour; l'auteur ne s'en cache pas, mais souligne la richesse de ce thème :

> J'ai guetté dans le cœur humain toutes les niches différentes où peut se cacher l'amour lorsqu'il craint de se montrer, et chacune de mes comédies a pour objet de le faire sortir d'une de ces niches.
>
> Marivaux, cité par d'Alembert, *Éloge de Marivaux.*

> Dans mes pièces, écrit-il encore, c'est tantôt un amour ignoré des deux amants, tantôt un amour qu'ils sentent et qu'ils veulent se cacher l'un à l'autre; tantôt un amour timide et qui n'ose se déclarer; tantôt enfin, un amour incertain et comme indécis, un amour à demi né, pour ainsi dire, dont ils se doutent sans être bien sûrs, et qu'ils épient au-dedans d'eux-mêmes, avant de lui laisser prendre l'essor. Où est en tout cela cette ressemblance qu'on ne cesse de m'objecter?

On cherchera comment se situe *le Jeu de l'amour et du hasard* par rapport aux différentes catégories que distingue ci-dessus Marivaux. On caractérisera le type et la force des sentiments des personnages, on s'efforcera de les mettre en relation avec le mode d'expression de ces derniers et de déterminer la place qu'occupe l'amour dans leur vie psychologique. Le passage suivant, de Marcel Arland (préface, Bibliothèque de la Pléiade, p. LIII), y aidera :

> Leurs souffrances sont toujours délicates, leurs plaintes toujours gracieuses. Pourtant ils ne seraient rien sans cet amour; ils en ont la vocation; c'est leur seule aventure : « Savez-vous bien que si je vous aimais, tout ce qu'il y a de plus grand au monde ne me tenterait pas? » Amour-propre, audace et pudeur, artifice et sincérité, goût de la joie et de la blessure, désir de lutte et de repos, besoin de conquête et d'abandon : leur sensibilité tout entière peut enfin s'assouvir. L'amour n'est rien d'autre que le rythme idéal de leur cœur. Ils y éclosent naturellement; ils s'y découvrent et s'y réalisent. Ni amour de tête, ni romanesque, ni purement sensuel, cet amour est avant tout leur vérité.

B. La naissance de l'amour.

Jacob, dans *le Paysan parvenu*, fait cette réflexion :

> Les regards amoureux d'un homme du monde n'ont rien de nouveau pour une jolie femme; elle est accoutumée à leur expression, et ils sont dans un goût de galanterie qui leur est familier; de sorte que son amour-propre s'y amuse comme à une chose qui lui est ordinaire et qui va quelquefois au-delà de la vérité.

Comment, dans *le Jeu*, retrouve-t-on des preuves que cette observation est juste? On utilisera l'assurance d'Arlequin-Dorante à son arrivée; on relèvera des réflexions de Silvia et d'autres personnages allant dans ce sens. On cherchera ensuite à rapprocher l'évolution des sentiments chez les personnages avec cette page du *Spectateur français*, de Marivaux (10e feuille) :

[L'auteur converse avec un inconnu dans une promenade publique.]

> Mais, répondis-je, quoique vous puissiez dire, l'amour se déclare; une femme vertueuse le reconnaît et lui impose silence. — Oui, dit-il, elle lui impose silence, bien moins parce qu'elle le hait que parce qu'elle s'est fait un principe de le haïr et de le craindre. Elle lui résiste donc; cela est dans les règles; mais en résistant, elle entre insensiblement dans un goût d'aventures, elle se complaît dans les sentiments vertueux qu'elle oppose; ils lui font comme une espèce de roman noble qui l'attache et dont elle aime à être l'héroïne. Cependant un amant demande pardon d'avoir parlé, et en le demandant il recommence. Bientôt elle excuse son amour comme innocent, ensuite elle le plaint comme malheureux, elle l'écoute comme flatteur, elle l'admire comme généreux, elle l'exhorte à la vertu et, en l'y exhortant, elle engage la sienne, elle n'en a plus. Dans cet état, il lui reste encore le plaisir d'en regretter noblement la perte; elle va gémir avec élévation; la dignité de ses remords va la consoler de sa chute. Il est vrai qu'elle est coupable, mais elle l'est du moins avec décence, moyennant le cérémonial des pleurs qu'elle en verse; sa faiblesse même s'augmente des reproches qu'elle s'en fait. Tout ce qu'elle eut de sentiments pour la vertu passe au profit de sa passion, et enfin il n'est point d'égarements dont elle ne soit capable avec un cœur de la trempe du sien, avec un cœur noble et vertueux. Une jeune femme comme celle-là, quand on lui parle d'amour, n'a point d'autre parti à prendre que de fuir. La poursuit-on? qu'elle éclate. Si elle s'amuse à se scandaliser tout bas du compliment qu'on lui fait, l'air soumis d'un amant la gagne, son ton pénétré la blesse, et je la garantis perdue quinze jours après.

C. Amour et sensualité.

Paul Gazagne (*Marivaux par lui-même*, Seuil) écrit :

> *Le Jeu de l'amour et du hasard* est une comédie écrite avec des paroles chastes exprimant des impulsions ou des tentations qui ne le sont guère. Pour comprendre Silvia, il ne faut pas oublier les analyses que Marianne fait d'elle-même lorsqu'elle est courtisée par un homme ou un garçon. Pour justifier le troisième acte de la comédie, il est nécessaire de considérer la réplique « Allons, j'avais grand besoin que ce fût là Dorante », comme l'aveu d'une jeune fille à qui les circonstances ont épargné de succomber à la tentation.

Robert Kemp (*Théâtre de Marivaux*, introduction, Hachette) va dans le même sens :

> Où Voltaire voit-il que les sentiments, dans ce théâtre à la fois sensuel et chaste, soient pesés dans des balances de toile d'araignée? Ils sont vifs, directs et presque toujours foudroyants. L'amour éclate dès qu'« elle et lui » se sont rencontrés; telle l'étincelle entre les pointes de métal, quand leur distance s'est raccourcie. Nous en sommes éblouis! Les valets et les suivantes vont vite dans le mutuel aveu! Le mécanisme de l'amour, en eux, nous est visible. Chez les maîtres, c'est tout de même. Il y a seulement plus d'obstacles.

Dès lors, la coquetterie est un raffinement, si l'on en croit le même critique :

> L'amour, dans Marivaux, a la force de l'instinct. Seulement l'instinct, chez les civilisés comme chez certains insectes, selon Fabre et Remy de Gourmont, s'accompagne, se retarde d'une comédie, d'une parade de coquetteries. [...] L'art, ou la « spécialité » de Marivaux — parlons-en comme de friandises —, est de prolonger tant qu'il peut la comédie; il la prolonge jusqu'à notre impatience quelquefois; jusqu'à l'agacement des rustauds. Mais l'impatience est délicieuse aux raffinés!

On confrontera ces analyses et ces jugements aux réactions de Silvia au long de la pièce et l'on se référera à la discussion entre Lisette et sa maîtresse à la première scène de l'acte premier (lignes 39-48 en particulier).

D. Le cheminement vers le dénouement.

La sensualité attire les personnages l'un vers l'autre, mais en même temps les amène à résister d'autant plus à leur inclination et à se montrer prudents. De plus s'y mêle un certain besoin de blesser ou de faire souffrir celui qui fascine; enfin, peut-être y a-t-il encore une sorte d'autopunition dans le jeu complexe des personnages.

On étudiera le comportement de Dorante et de Silvia sur ce point; on cherchera s'il en est de même pour Arlequin, pour Lisette. Le passage suivant de Lanson *(Histoire de la littérature française)* y aidera; voici comment il présente le couple de protagonistes :

Ce sont deux égoïsmes, prêts à se donner, mais « donnant, donnant », en échange, non gratuitement; on les voit s'avancer, se reprendre, craindre de faire un pas que l'autre n'ait pas fait, estimer ce qu'un *non* laisse encore d'espérance, ce qu'un *oui* contient de sincérité, négocier enfin avec une prudence méticuleuse l'accord où chacun compte trouver pour soi joie et bonheur. Il y a là tout un délicieux marchandage qui exclut le pur amour, le don absolu de soi : c'est ce marchandage même, cette défense du *moi*, qui fait la réalité de la peinture. L'amour des comédies de Marivaux n'est en son fond ni mystique ni romanesque, il est simplement naturel.

Ce comportement de la part des personnages ne facilite pas la progression vers le dénouement : on étudiera de ce point de vue le troisième acte et l'on y cherchera tout ce qui justifie l'inquiétude de Dorante et de Silvia et tout ce qui la suscite chez le spectateur. On élargira l'étude grâce à ces lignes de P. Trahard *(les Maîtres de la sensibilité française au XVIIIe siècle)* :

L'amour est une création continue : qui s'abandonne à mi-chemin est perdu. Aussi Marivaux a-t-il été le peintre de l'inquiétude des amants qui tremblent de n'être pas aimés comme ils le veulent et qui risquent de perdre leur amour en voulant trop s'assurer de lui. Là est la vérité humaine de son théâtre; cette espèce de tremblement devant l'amour vient d'une sensibilité qui s'ignore parfois, mais qui palpite au cœur de chaque amant. Sommes-nous sûrs d'être aimés comme nous le désirons? Question tragique, à laquelle Marivaux finit toujours par donner une réponse heureuse.

D'une manière très large, on pourra — débordant le cadre de cette seule pièce — établir une comparaison entre Marivaux et Laclos ou Stendhal *(le Rouge et le Noir)*; chez Marivaux même, on s'appuiera sur *les Fausses Confidences* et *l'Epreuve*, en particulier.

1.2. LE PROBLÈME DU MARIAGE

Il est au centre de la première scène et toute l'intrigue est motivée par lui. On recherchera d'autre part quelle était la position des Précieuses sur ce sujet. Voici ce qu'en dit Marivaux dans *le Spectateur français* :

Ce n'est point au mariage à qui je m'en prends; ce n'est point lui qui fait succéder le dégoût à l'amour. Il y a des amants qui s'aiment depuis dix ans sans se perdre de vue. Qu'arrive-t-il quelquefois? Leur amour est tiède, il dort de temps en temps entre eux, par l'habitude qu'ils ont de se voir; mais il se réveille, il reprend vigueur et passe successivement de l'indolence à la vivacité. Pourquoi n'est-ce pas de même dans le mariage? Serait-ce à cause qu'à l'autel on a juré de s'aimer? Bon; eh, que signifie ce serment-là? Rien, sinon qu'on est obligé d'agir exactement tout comme si on s'aimait, quand même on ne s'aimera plus; car à l'égard du cœur, on ne peut se le promettre pour toujours, il n'est pas à vous, mais nous sommes les maîtres de nos actions, et nous les garantissons fidèles, voilà tout. Reste donc ce cœur dont l'amour doit toujours piquer, parce que cet amour est toujours un pur don, parce que les époux ont beau se le faire promettre et qu'ils ne peuvent se le tenir qu'autant qu'ils prendront soin de se le conserver par de mutuels égards...

Dans une autre feuille du *Spectateur*, il fait dire à une dame :

On me maria à dix-huit ans, je dis qu'on me maria, car je n'eus point de part à cela; mon père et ma mère me promirent à mon mari, que je ne connaissais pas; mon mari me prit sans me connaître et nous n'avons pas fait d'autre connaissance ensemble que celle de nous trouver mariés et d'aller notre train sans nous demander ce que nous pensions, de sorte que j'aurais dit volontiers : quel est cet étranger dont je suis devenue la femme?

On rapprochera en outre ces points de vue de *la Colonie* (scène v).

2. « UNE PRÉCIOSITÉ NOUVELLE »

2.1. LE STYLE ET LA PENSÉE

Les jugements critiques ont été particulièrement sévères pour Marivaux en son temps, comme l'indiquent les jugements et les indications donnés en 2.4. On reproche à l'auteur un style particulier, toujours identique dans ses comédies, et toujours aussi peu naturel. Voici comment il se défend (*le Cabinet du philosophe*, 6e feuille) :

J'entends quelquefois parler de style, et je ne comprends rien aux éloges ni aux critiques qu'on fait de celui de certaines gens.

Vous voyez souvent des gens d'esprit vous dire : le style de cet auteur est noble, le style de celui-ci est affecté, ou bien obscur, ou plat, ou singulier.

Enfin c'est toujours du style dont on parle, et jamais de l'esprit de celui qui a ce style. Il semble que dans ce monde il ne soit question que de mots, point de pensées.

Cependant ce n'est point dans les mots qu'un auteur qui sait bien sa langue a tort ou raison.

Si les pensées me font plaisir, je ne songe point à le louer de ce qu'il a été choisir les mots qui pouvaient les exprimer.

C'est un homme, qui, comme je l'ai déjà dit, sait bien sa langue, qui sait que ces mots ont été institués pour être les expressions propres, et les signes des idées qu'il a eues; il n'y avait que ces mots-là qui pussent faire entendre ce qu'il a pensé, et il les a pris. Il n'y a rien d'étonnant à cela; et encore une fois, je ne songe point à lui en tenir compte : ce n'est pas là ce qui fait son mérite, et c'est d'avoir bien pensé que je le loue; car pour les expressions de ses idées, il ne pouvait pas faire autrement que de les prendre, puisqu'il n'y avait que celles-là qui pussent communiquer ses pensées.

Cet homme-là au contraire pense mal, ou faiblement, ou sans justesse; tout ce qu'il pense est outré; ce que je ne connais que par les mots dont il s'est servi pour me communiquer ses pensées.

Dirai-je qu'il a un mauvais style? m'en prendrai-je à ses mots? Non, il n'y a rien à y corriger. Cet homme, qui sait bien sa langue, a dû se servir des mots qu'il a pris, parce qu'ils étaient les seuls signes des pensées qu'il a eues.

En un mot, il a fort bien exprimé ce qu'il a pensé; son style est ce qu'il doit être, il ne pouvait pas en avoir un autre; et tout son tort est d'avoir eu des pensées, ou basses, ou plates, ou forcées, qui ont exigé nécessairement qu'il se servît de tels et tels mots qui ne sont ni bas, ni plats, ni forcés en eux-mêmes, et qui entre les mains d'un homme qui aura plus d'esprit, pourront servir une autre fois à exprimer de très fines ou de très fortes pensées. Ce que je dis là est incontestable : il faut seulement un peu raisonner pour le sentir; mais on ne se met au fait de rien, à moins qu'on ne raisonne.

Je suppose une femme qui connaisse toutes les couleurs; elle imagine un meuble où il en entre quatre. Elle ordonne ce meuble, on le lui apporte. Vous êtes présent, et le meuble ne vous plaît point.

Direz-vous à cette femme : cela est mal exécuté, ce ne sont pas là les couleurs que vous deviez employer pour avoir un meuble comme vous l'avez imaginé? Non, ce ne serait pas lui parler raison; car ces couleurs disposées comme elles sont, font bien l'effet qu'elle a imaginé : elle ne pouvait avoir ce meuble qu'avec ces mêmes couleurs arrangées comme elles le sont.

Et en quoi donc a-t-elle tort? C'est d'avoir imaginé ce meuble dans ce goût-là; c'est son imagination qui ne vaut rien, quoique très bien rendue par les couleurs qui sont bonnes.

Ces couleurs sont ici comme le style de la chose; et la chose étant ce qu'elle est, voilà ce que le style en devait être.

Pour achever d'éclaircir ce que je veux dire, posons quelques principes qui seront aisés à comprendre.

Je les ai quelquefois dits à des gens d'esprit, et même à des femmes; et je les ai fait convenir que ces discours qu'on tient sur le style ne sont qu'un verbiage, que l'ignorance et la malice ont mis à la mode, pour diminuer le prix des ouvrages qui se font distinguer.

Il s'agit encore ici d'un petit raisonnement : il y sera question d'idées et de pensées, matière qui a toujours l'air un peu abstraite, et qui effarouche; mais je n'ai que deux mots à dire, et je tâcherai d'être clair.

Je distingue entre pensée et idée, et je dis que c'est avec plusieurs idées qu'on forme une pensée.

Qu'est-ce donc que j'appelle une idée? Le voici.

J'ai vu un arbre, un ruban, etc., j'ai vu un homme en colère, jaloux, amoureux; j'ai vu tout ce qui peut se voir par les yeux de l'esprit, et par les yeux du corps : car pour abréger, je confonds sous le nom d'idée ce qui a corps et ce qui n'en a point, ce qui se voit et ce qui se sent, quoique je sache bien la différence qu'on y met.

Or, en voyant ces différentes choses, j'ai pris de chacune d'elles ce que j'appelle l'idée; il m'en est resté ou l'image ou la perception dans l'esprit.

A présent que j'ai l'idée de ces différentes choses qui m'ont frappé, comment ferai-je, quand je songerai à un arbre, pour instruire les autres que je songe à un arbre, ou à une autre chose qui me viendra dans l'esprit, surtout quand elle ne sera pas présente?

Les hommes entre eux ont pourvu à cela; ils ont institué des signes, c'est-à-dire des expressions qui sont les signes de l'idée qu'on a dans l'esprit. On est convenu que le mot d'arbre signifierait l'idée que nous avons d'un arbre : et dès que je prononce ce mot, on m'entend, et ainsi du reste.

Le nombre des mots, ou des signes, chez chaque peuple, répond à la quantité d'idées qu'il a.

Il y a des peuples qui ont peu de mots, dont la langue est très bornée; et c'est qu'ils n'ont qu'un petit nombre d'idées : c'est la disette d'idées qui fait chez eux la disette de leur langue, ou de leurs mots.

Il y a des peuples dont la langue est très abondante; et c'est qu'il y a parmi eux une grande quantité d'idées, à chacune desquelles il a fallu un mot, un signe.

Ils ont, par exemple, démêlé dans l'homme, dans ses passions, dans ses mouvements, mille choses qu'un autre peuple n'y a pas vues; c'est une finesse d'esprit et de vue qui est générale parmi eux, et qui les a obligés d'inventer autant de mots qu'elle leur a procuré d'idées.

S'il venait en France une génération d'hommes qui eût encore plus de finesse d'esprit qu'on n'en a jamais eu en France et ailleurs, il faudrait de nouveaux mots, de nouveaux signes pour exprimer les nouvelles idées dont cette génération serait capable : les mots que nous avons ne suffiraient pas, quand même les idées qu'ils exprimeraient auraient quelque ressemblance avec les nouvelles idées qu'on aurait acquises : il s'agirait quelquefois d'un degré de plus de fureur, de passion, d'amour, ou de méchanceté qu'on apercevrait dans l'homme; et ce degré de plus, qu'on n'apercevrait qu'alors, demanderait un signe, un mot propre qui fixât l'idée qu'on aurait acquise.

Mais je suppose, comme il est peut-être vrai, que nous avons aujourd'hui tout autant d'idées que l'homme sera jamais capable d'en avoir.

Je dis que chacune de ces idées en tout genre a son signe, son mot que je n'ai qu'à prononcer pour apprendre aux autres à quoi je songe.

Nous voilà donc fournis des idées de chaque chose, et des moyens de les exprimer, qui sont les mots.

Que faisons-nous de ces idées et de leurs mots?

De ces idées, nous en formons des pensées que nous exprimons avec ces mots; et ces pensées, nous les formons en approchant plusieurs idées que nous lions les unes aux autres : et c'est du rapport et de l'union qu'elles ont alors ensemble, que résulte la pensée.

Penser, c'est donc unir plusieurs idées particulières les unes aux autres.

Je songe aux charmes d'une femme. Ces charmes, voilà une idée.

Après cela je songe à une femme, autre idée. Je songe à quelque chose d'intérieur à moi, sur qui tombe cet effet : encore autre idée.

Mais ce n'est encore là avoir que des idées; lions-les ensemble, pour en former une pensée quelconque :

Les charmes d'une femme égarent la raison.

Cette pensée n'est encore que dans mon esprit, et n'est pas exprimée. Comment fais-je pour l'exprimer? Je me sers du mot qui est le signe de chacune de mes idées.

L'idée de charmes s'exprime par le mot *charmes*. L'idée d'une femme, par le mot de *une*, et par celui de *femme*.

L'idée précise que j'ai de l'effet que ces charmes produisent s'exprime par le mot d'*égarer*, qui, moyennant la conjugaison que j'en fais pour marquer le temps, me rend *égarent*, et puis l'idée que j'ai de la chose qui est égarée s'exprime par le mot de *raison*.

A l'égard du petit mot de *les*, qui précède celui de *charmes*, et du mot de *la*, qui précède celui de *raison*, ce sont encore de petites conjonctions qu'on a imaginées, pour aider à la liaison des idées entre elles, et dont nous apprenons l'usage, en apprenant les mots.

De sorte que j'ai d'abord eu des idées, qui ont chacune leur mot.

De ces idées j'en ai formé une pensée.

Et cette pensée, je l'ai exprimée, en donnant à chacune de ces idées, le signe qui la signifie.

Ainsi, un homme qui sait bien sa langue, qui sait tous les mots, tous les signes qui la composent, et la valeur précise de ces mots conjugués ou non, peut penser mal, mais exprimera toujours bien ses pensées.

Venons maintenant à l'application de tout ce que j'ai dit.

Vous accusez un auteur d'avoir un style précieux. Qu'est-ce que cela signifie? Que voulez-vous dire avec votre style?

Je vois d'ici un jeune homme qui a de l'esprit, qui compose, et qui, de peur de mériter le même reproche, ne va faire que des phrases; il craindra de penser finement, parce que s'il pensait ainsi, il ne pourrait s'exprimer que par des mots qu'il soupçonne que vous trouveriez précieux.

De sorte qu'il rebute toutes les pensées fines et un peu approfondies qui lui viennent, parce que, dès qu'il les a exprimées, il lui paraît à lui-même que les mots propres, dont il n'a pu s'empêcher de se servir, sont recherchés.

Ils ne le sont pourtant pas; ce sont seulement des mots qu'on ne voit pas ordinairement aller ensemble, parce que la pensée qu'il exprime n'est pas commune, et que les dix ou douze idées, qu'il a été obligé d'unir pour former sa pensée, ne sont pas non plus ordinairement ensemble.

Mais ce jeune homme ne raisonne pas ainsi : la critique qu'il vous entend faire ne lui en apprend pas tant; elle ne parle que de style et de mots, et il ne prend garde qu'à ses mots.

Qu'en arrive-t-il? Que, pour avoir un style ordinaire, il n'ose employer que des mots qu'on a l'habitude de voir ensemble, et qui conséquemment n'expriment que les pensées de tout le monde; car ces mots ne sont d'ordinaire ensemble que parce que la liaison des idées, dont ils sont le signe, est familière à tout le monde.

Mais si on lui avait dit : l'auteur qu'on accuse d'être précieux sait bien sa langue, et ne pèche point dans son style; il ne voulait dire que ce qu'il a dit et il l'a fort bien exprimé, mais ce qu'il a fort bien exprimé n'est pas bien pensé; c'est un auteur dont les pensées sortent du vrai; qui dans les objets, dans les sentiments qu'il peint, y ajoute des choses qui n'y sont pas, qui y sont étrangères, ou qui n'y appartiennent pas assez. Il ne saisit pas les vraies finesses de ses sujets, il les peint d'après lui, et non pas d'après eux : il pense subtilement, et non pas finement; il invente, il ne copie pas. Voilà son tort; voilà ce que la critique qu'on fait de lui devrait vous apprendre, et ce qu'elle ne vous apprend pas.

Elle ne parle que de son style, où il n'y a rien à redire. Du moins le vice de ce style, s'il y en a un, n'est qu'une conséquence bien exacte du vice de ses pensées.

Qu'elle nous montre donc le vice de ses pensées, et qu'elle laisse là le style qui ne saurait être autrement qu'il est; car quand cet homme-là pensera mieux, quand il ne mettra rien d'inutile, rien d'outré, rien d'ampoulé, rien de faux dans ses pensées, il n'y aura conséquemment plus de vice dans son style, et il paraîtra s'exprimer fort bien, sans qu'il apprenne pourtant à s'exprimer mieux; car encore une fois, il sait sa langue, et ne la saura jamais mieux qu'il la sait; et pour s'exprimer bien, il n'est question que de la savoir. Aussi cet auteur s'exprime-t-il bien, même en pensant mal.

Mais est-il vrai qu'il pense mal? C'est ce qu'il faut prouver; et s'il y a un reproche à lui faire, il ne peut tomber que là-dessus, et non pas sur le style, qui n'est qu'une figure exacte de ses pensées, et qui, peut-être encore, n'est accusé d'être mauvais, d'être précieux, d'être guindé, recherché, que parce que les pensées qu'il exprime sont extrêmement fines, et qu'elles n'ont pu se former que d'une liaison d'idées singulière; lesquelles idées n'ont pu à leur tour être exprimées qu'en approchant des mots, des signes qu'on a rarement vu aller ensemble.

Ne serait-il pas plaisant que la finesse des pensées de cet auteur fût la cause du vice imaginaire dont on accuse son style?

Cela se pourrait bien; et sur ce pied-là, l'homme qui pensera beaucoup donnera souvent beau jeu à ceux qui s'acharnent sur le style.

L'homme qui pense beaucoup approfondit les sujets qu'il traite : il les pénètre, il y remarque des choses d'une extrême finesse, que tout le monde sentira quand il les aura dites; mais qui, en tout temps, n'ont été remarquées que de très peu de gens : et il ne pourra assurément les exprimer que par un assemblage et d'idées et de mots très rarement vus ensemble.

Voyez combien les critiques profiteront contre lui de la singularité inévitable de style que cela va lui faire. Que son style sera précieux! Mais aussi de quoi s'avise-t-il de tant penser, et d'apercevoir, même dans les choses que tout le monde connaît, des côtés que peu de gens voient, et qu'il ne peut exprimer que par un style qui paraîtra nécessairement précieux? Cet homme-là a grand tort. Il faudrait lui dire de penser moins, ou prier les autres de vouloir bien qu'il exprime ce qu'il aura pensé, et de souffrir qu'il se serve des seuls mots qui peuvent exprimer ses pensées puisqu'il ne peut les exprimer qu'à ce prix-là.

Quand elles seront exprimées, il faudra voir si on les entend. Sont-elles obscures? Qu'on lui dise alors : il vous a été permis d'unir telles idées, et conséquemment tels mots qu'il vous a plu, pour former vos pensées; peu nous importe que telles idées aussi bien que tels mots soient ordinairement ou rarement ensemble : nous ne demandons pas mieux, même, que l'union en soit singulière, parce que cela nous promet des pensées, ou neuves, ou rares, ou fines; mais vous vous mêlez de faire le grand esprit, d'avoir besoin de cette singularité d'union dans vos idées, et conséquemment dans vos mots, et cela ne vous procure que des pensées qui ne sont pas intelligibles, ou qui peignent les choses autrement qu'elles ne sont, qui y ajoutent des finesses qui n'y sont pas; pensez donc avec netteté, avec justesse, etc.

Oh! voilà des reproches sérieux, raisonnés et raisonnables, pourvu qu'on en prouve la justice.

Eh! comment la prouvera-t-on? en examinant chaque pensée, en voyant si elle s'entend : car il faut qu'elle soit nette et claire; après cela, est-elle allongée, ou ne l'est-elle pas? Pourrait-on la former avec moins d'idées qu'elle n'en a qui la composent, et par conséquent l'exprimer avec moins de mots, sans rien ôter de sa finesse, et de l'étendue du vrai qu'elle embrasse?

Ensuite, est-elle vraie? l'objet qu'elle peint, regardé dans ce sens-là, est-il conforme au portrait qu'elle en fait? par exemple :

L'esprit est souvent la dupe du cœur.

C'est M. de la Rochefoucauld qui l'a dit; supposons que cela ne fût dit que d'aujourd'hui par quelque auteur de nos jours. Ne l'accuserait-on pas de s'être exprimé dans un style précieux? Il y a bien de l'apparence.

Pourquoi, s'écrierait un critique, ne pas dire que l'esprit est souvent trompé par le cœur, que le cœur en fait accroire à l'esprit? c'est la même chose.

Non pas, s'il vous plaît, lui répondrais-je; vous n'y êtes point; ce n'est plus là la pensée précise de l'auteur; vous la diminuez de force, vous la faites baisser : le style de la vôtre (puisque vous parlez de style) ne nous exprime qu'une pensée assez commune. Le style de cet auteur nous en exprime une plus particulière et plus fine, et qui nous peint ce qui se passe quelquefois entre le cœur et l'esprit.

Cet esprit, simplement trompé par le cœur, ne me dit pas qu'il est souvent trompé comme un sot, ne me dit pas même qu'il se laisse tromper. On est souvent trompé sans mériter le nom de dupe; quelquefois on nous en fait habilement accroire, sans qu'on puisse nous reprocher d'être de facile croyance; et cet auteur a voulu nous dire que souvent le cœur tourne l'esprit comme il veut, qu'il le fait aisément incliner à ce qui lui plaît, qu'il lui ôte sa pénétration, ou la dirige à son profit; enfin qu'il le séduit, et l'engage à être de son avis, bien plus par les charmes de ses raisons, que par leur solidité. Cet auteur a voulu nous dire que l'esprit a souvent la faiblesse, en faveur du cœur, de passer pour raisonnable, pour possible, pour vrai, ce qui ne l'est pas; et le tout, sans remarquer qu'il a cette faiblesse-là.

Voilà bien des choses, que l'idée de dupe renferme toutes, et que le mot de cette idée exprime toutes aussi.

Or si l'idée de l'auteur est juste, que trouvez-vous à redire au signe dont il se sert pour exprimer cette idée?

On rapprochera de ce texte deux remarques issues des romans de Marivaux, sachant que c'est la violente critique de leur style qui a motivé la réaction de l'auteur dans les pages qu'on vient de lire.

1° *La Vie de Marianne :* Quand je vous ai fait le récit de quelques accidents de ma vie, je ne m'attendais pas, ma chère amie, que vous me prieriez de vous la donner tout entière et d'en faire un livre à imprimer. Il est vrai que l'histoire en est particulière, mais je la gâterai, si je l'écris; car où voulez-vous que je prenne un style? [...] Au reste, je parlais tout à l'heure de style, je ne sais pas seulement ce que c'est. Comment fait-on pour en avoir un? Celui que je vois dans les livres, est-ce le bon? Pourquoi donc est-ce qu'il me déplaît tant le plus souvent? (Bibliothèque de la Pléiade, pp. 82-83).

2° *Le Paysan parvenu :* J'écrirai [les événements de ma vie] du mieux que je pourrai; chacun a sa façon de s'exprimer, qui vient de sa façon de sentir. (Bibliothèque de la Pléiade, p. 568.)

2.2. QU'EST-CE QUE LE MARIVAUDAGE?

Sans s'attarder sur les valeurs dépréciatives qui furent données jusqu'à Jules Janin, nous proposerons ici deux points de vue différents. Celui de G. Deschamps (*Marivaux*, 1897), essentiellement psychologique :

Cet examen de conscience, dicté par une probité inquiète — cette application à éviter les illusions qui trompent, à déjouer les pièges du caprice et de la fantaisie, à mettre au service du sentiment les plus subtiles lumières de la raison —, ce souci d'éloigner les duperies qui nous font manquer l'heure du berger ou de la bergère par une trop grande application à la retarder, ou par une hâte excessive à la vouloir saisir — l'habitude de raisonner sur les inclinations qui nous font pencher d'un côté ou de l'autre —, l'esprit de finesse employé à l'usage conscient d'un style ajusté à la ténuité de ces enquêtes, style qui n'est pas exempt de recherche, mais qui abonde en trouvailles décisives — voilà précisément le marivaudage.

L'autre point de vue, fondé sur l'étude de la langue et du style de Marivaux, aboutit à une synthèse intéressante. C'est celui que donne M. F. Deloffre dans la conclusion de sa thèse (pp. 498-499) :

Le marivaudage nous est apparu comme un badinage, non pas libertin, mais grave au fond, comme l'alliance d'une forme de sensibilité et d'une forme d'esprit. Rapprochée de la tendresse chimérique propre aux romans précieux comme de la passion brutale qui, en fait, a dû en tenir la place, cette notion suppose, non seulement un progrès de la sensibilité sur lequel l'essentiel a été dit, mais un affinement du goût auquel les néo-précieux, à la suite des Modernes, ont contribué pour leur part. Qui ne voit que l'enrichissement des ressources stylistiques, découverte de la suggestion substituée parfois à l'expression, mise au point d'une rhétorique plus lyrique qu'oratoire, pour ne citer que ces deux exemples, répond réellement à des besoins nouveaux?

Qui dit de nos jours marivaudage pense à un dialogue. Cette acception inconnue du XVIIIe siècle constitue par elle-même une sorte d'hommage à un maître du style dramatique. Les interprètes modernes de Marivaux louent unanimement son art exceptionnel dans ce domaine. Les « dialoguistes » brillants n'ont assurément pas manqué depuis à la scène ou au cinéma français. Mais nul n'avait songé avant lui, et nul n'a songé depuis, à faire du dialogue un élément autonome, aux lois distinctes des lois psychologiques ordinaires, principe de progression, de trouble ou de retard. Pour qu'une telle conception prît naissance, il fallait qu'un faisceau de conditions fussent remplies : existence d'une société susceptible de fournir des modèles, puis d'apprécier les résultats, d'un écrivain versé dans cette société et ayant le goût de la parole, d'interprètes capables de donner un air spontané au procédé. La fréquentation de Marivaux chez Mmes de Lambert ou de Tencin, la rencontre qu'il fit de comédiens habitués au jeu impromptu fournirent cette heureuse conjonction, et le marivaudage fait survivre un art de la conversation tel qu'il n'en avait peut-être jamais existé.

Dialogue brillant, mais non moins naturel. Peu d'écrivains seraient capables de faire rendre un ton si vrai au langage d'un Jacob à côté d'un Dorante, d'une Mme Dutour à côté d'une marquise. Or, si les lectures de Marivaux révèlent un esprit ouvert et moderne, elles ne permettent pas de prévoir en lui l'un de nos plus grands prosateurs. « Le génie du style est déposé d'abord par la langue parlée, ensuite seulement par la lecture », remarquait Albert Thibaudet à propos de Flaubert. L'observation s'appliquerait fort bien à Marivaux. Causeur incomparable dans une société qui parle la meilleure langue de son temps, il fait passer dans ses œuvres toute la vivacité de ce langage. Fait curieux, il y inclut aussi des apports populaires ou provinciaux qui paraissent de bon aloi et vivifient son style sans en compromettre ni la pureté, ni l'unité. Cette dernière est du reste assurée par le caractère de la phrase : orale dès sa conception, elle n'a pas besoin de passer par l'épreuve d'un « gueuloir », puisqu'elle est parlée mentalement avant d'être jetée sur le papier.

Le marivaudage est encore, en un autre sens non moins valable, une forme d'investigation psychologique et morale. Des observations jamais encore faites exigeaient des termes nouveaux. Créateur des locutions et des images nécessaires à leur expression, Marivaux devait résoudre un autre problème : trouver le moyen de les incorporer à son récit sans en rompre la trame. La phrase qu'il a imaginée à cet effet représente une innovation dont nous sommes à peine en état de mesurer la portée, tant elle offre de ressources au roman d'analyse.

JUGEMENTS SUR « LE JEU DE L'AMOUR ET DU HASARD »

MARIVAUX JUGÉ PAR LUI-MÊME

Marivaux a défini à travers son œuvre romanesque et ses divers essais les conceptions qu'il se faisait de l'œuvre littéraire. Il a comme répondu aux innombrables critiques que son œuvre a connues de son temps en justifiant le caractère singulier et original de son style :

Je suis né de manière que tout devient une matière de réflexion; c'est comme une philosophie de tempérament que j'ai conçue et que le moindre objet met en exercice. [...]

Un auteur est un homme à qui dans son loisir, il prend une envie vague de penser sur une ou plusieurs matières; et l'on pourrait appeler cela réfléchir à propos de rien. [...]

J'aime mieux être humblement assis sur ce dernier banc dans la petite troupe des auteurs originaux qu'orgueilleusement placé en première ligne dans le nombreux bétail des singes littéraires. [...]

Ecrire naturellement, être naturel, n'est pas écrire dans le goût de tel ou tel Ancien ou de tel Moderne, n'est pas de mouler sur personne quant à la forme de ses idées; mais au contraire de ressembler fidèlement à soi-même, et ne point se départir ni du tour ni du caractère d'idées pour qui la nature nous a donné vocation; en un mot, penser naturellement, c'est rester dans la singularité d'esprit qui nous est échue.

XVIIIe SIÈCLE

Bien que certaines pièces aient connu un grand succès auprès du public, le génie de Marivaux échappe aux écrivains de son temps et aux philosophes. Le marivaudage, incompris, est tourné en ridicule par les contemporains de Marivaux :

Nous allons avoir cet été une comédie en prose du sieur Marivaux, sous le titre *les Serments indiscrets*. Vous croyez bien qu'il y aura beaucoup de métaphysique et peu de naturel; et que les cafés applaudiront pendant que les honnêtes gens n'entendront rien.

Voltaire,
Lettre à M. de Formont (29 avril 1732).

Il y a surtout dans les ouvrages de M. de Marivaux un caractère de philosophie dans lequel j'ai trouvé avec plaisir mes propres sentiments. Il est vrai que je lui souhaite quelquefois un style moins recherché et des sujets plus nobles, mais je suis bien loin de l'avoir voulu désigner en parlant des comédies métaphysiques. [...] Ce n'est pas, ce me semble, le défaut de M. de Marivaux. Je lui reprocherais au contraire de trop détailler les passions et de manquer quelquefois le chemin du cœur en prenant des routes un peu détournées. J'aime d'autant plus son esprit que je le prierais de ne le point prodiguer. Il ne faut pas qu'un personnage de comédie songe à être spirituel, il faut qu'il soit plaisant malgré lui et sans croire l'être; c'est la différence qui doit être entre la comédie et le simple dialogue.

Voltaire,
Lettre à Berger (février 1736).

XIXe SIÈCLE

Les accusations et incompréhensions sont reprises au XIXe siècle par Sainte-Beuve.

On a très bien remarqué que, dans les comédies de Marivaux en général, il n'y a pas d'obstacle extérieur, pas d'intrigue positive qui traverse la passion des amants; ce sont des chicanes de cœur qu'ils se font, c'est une guerre d'escarmouche morale. Les cœurs au fond étant à peu près d'accord dès le début et les dangers ou les empêchements du dehors faisant défaut, Marivaux met la difficulté et le nœud dans le scrupule même, dans la curiosité, la timidité ou l'ignorance ou dans l'amour-propre et le point d'honneur piqué des amants. Souvent ce n'est qu'un simple malentendu qu'il file adroitement et qu'il prolonge. [...]

Marivaux, au théâtre, aime surtout à démêler et à poursuivre les effets et les conséquences de l'amour-propre dans l'amour.

Sans doute le *marivaudage* s'est fixé dans la langue à titre de défaut : qui dit *marivaudage* dit plus ou moins badinage à froid, espièglerie compassée et prolongée, pétillement redoublé et prétentieux, enfin une sorte de pédantisme sémillant et joli.

Sainte-Beuve,
Causeries du lundi, tome IX (1854).

Cependant, d'autres écrivains reconnaissent à Marivaux le mérite d'une certaine atmosphère :

En écoutant cette charmante comédie du *Jeu de l'amour et du hasard,* il nous semblait impossible que Marivaux n'eût pas connu Shakespeare. Marivaux, nous le savons, passe pour peindre au pastel, dans un style léger et un coloris d'une fraîcheur un peu fardée, des figures de convention prises à ce monde de marquis, de chevaliers, de comtesses évanouis sans retour; et pourtant, dans le *Jeu de l'amour et du hasard* respire comme un frais souffle de *Comme il vous plaira.*

Théophile Gautier,
Histoire de l'art dramatique, VI, XVIII (1858).

(A propos du *Jeu de l'amour et du hasard.*)

Si l'on excepte Sedaine, venu plus tard, on chercherait vainement dans tout le XVIIIe siècle un écrivain autre que Marivaux capable de tirer de cet impertinent imbroglio une œuvre aussi chaste et aussi distinguée. [...]

Quelle délicatesse peureuse dans le cœur de ces deux jeunes gens en lutte contre un amour qu'ils croient avilissant!

Alphonse Daudet,
Journal officiel (9 juillet 1877).

Que l'on suppose un instant la littérature française privée des comédies de Regnard, des tragédies de Voltaire; certes elle manquerait d'œuvres excellentes à divers titres, mais notre patrimoine littéraire en serait-il bien diminué? Y aurait-il une large et profonde lacune dans notre répertoire dramatique? Disparaîtrait-il avec elles quelque chose d'irréparable et d'essentiel? On n'oserait l'affirmer. Enlevez au contraire le théâtre de Marivaux; vous mutilerez non seulement la littérature française, mais l'esprit français; celle-là sera dépouillée d'un genre unique et charmant, celui-ci d'une fleur d'élégance, de poésie, de délicatesse.

Gustave Larroumet,
Marivaux, sa vie et ses œuvres (1882).

XXe SIÈCLE

Il y a alors comme une réhabilitation de Marivaux. On découvre la richesse et la hardiesse de sa pensée, la précision de ses portraits, l'envoûtement de la poésie de son théâtre. Le Jeu de l'amour et du hasard *est la pièce préférée, enfin dépouillée de ses fausses élégances.*

Il n'y a pas de théâtre sans société. Le théâtre est social par essence et par définition. [...] Les héros de Marivaux sont des êtres pour lesquels les questions d'argent existent. [...]

Marivaux tient davantage de Corneille que de Musset. Ses héros ne marchent pas sans réticences ni sans plaidoirie vers le verdict final qui les mettra dans la dépendance d'autrui. [...]

Les reproches de ses contemporains quant à ses métaphores, ses complications, ses recherches nous apparaissent aujourd'hui absurdes. La langue de Marivaux est une langue de théâtre étonnamment nue, parfois synthétique même, et que le jeu des comédiens, les mouvements de scène, ses lumières, ses dimensions parviennent seuls à colorer des nuances de la vie. Le style de Marivaux, poète sans lyrisme, précieux sans images, analyste sans analyses, est une pure algèbre des valeurs sentimentales.

Claude Roy,
Lire Marivaux (1947).

Pour Marcel Arland, Marivaux est à la fois un moraliste, un peintre de l'amour et un poète.

Marivaux est un moraliste beaucoup plus qu'un réformateur. Mais un moraliste à la manière de Fénelon, qu'il rappelle souvent, un moraliste sensible aux injustices sociales. C'est au nom de la raison et de la bonté qu'il s'en prend à ces injustices, comme aux travers et aux tares des individus. A l'homme tel que l'ont fait les conditions sociales, l'égoïsme, la vanité et l'aveuglement, il oppose, non pas peut-être, comme Rousseau, l'homme de la nature, plutôt l'homme purifié à la fois par la nature et la réflexion. [...]

Souvent d'ailleurs, il arrivera que les personnages, maîtres ou valets, nous surprennent par leur instabilité, on pourrait dire par leur double nature. Ils plaisantent, ils bouffonnent, ils dansent : ce sont les Folies-Marivaux; soudain, en pleine farce, voici qu'ils lancent le trait le plus grave ou le plus généreux de la pièce. Ou bien ils nous rassurent par leurs propos modérés, leur bon sens et même leurs manies; brusquement c'est une échappée, nous sommes en pleine fantaisie, nous sommes dans un autre monde. Et rien ne nous semble plus naturel que ces coups de baguette. [...]

Un poète, le mot est enfin dit. De Corneille à Musset, il n'est pas de théâtre aussi libre, d'une aussi souple fantaisie, ni qui témoigne d'une vision du monde aussi singulière. Si l'on met à part celui de Racine, il n'en est pas où l'on puisse mieux reconnaître les signes de la création poétique. Ils sont partout : dans ses décors, dans ses fables, dans le caprice et le rebondissement de ses intrigues; ils sont dans son langage même, le plus singulier qui ait tenté de franchir la rampe et qui y soit parvenu.

Marcel Arland,
Marivaux (1950).

On reconnaît à Marivaux, moraliste neuf, un style original traduisant une pensée délicate.

Comment trouver dans le langage quelque chose d'équivalent à ce multiple tournoiement intérieur qu'est le moment vécu, et à ce glissement vertigineux qu'est le temps vécu? Sinon en inventant une langue assez naïve qui exprime tous les élans, une langue qui par sa spontanéité *serait actuellement* toutes les variations du cœur. Du sentir au penser, et du penser au dire, point de traduction ni d'intervalle.

Gaston Poulet,
Études sur le temps humain, tome II (1952).

Paul Gazagne voit surtout en Marivaux un moraliste original, souvent hardi et révolutionnaire, dont la pensée, voilée par des marques d'expression discrètes, a toujours été incomprise, déformée et dénaturée.

Marivaux, psychologue averti et parfois cruel, un philosophe profond sous une apparence coquette, un sociologue et même un révolutionnaire généreux, voilant la hardiesse de sa pensée sous la légèreté et l'élégance désinvolte de l'expression. [...]

Parler au théâtre comme on parle dans la vie était une innovation, à une époque où presque toutes les comédies étaient écrites en vers. Le naturel auquel Marivaux essaie d'atteindre, ainsi qu'il le dit avec modestie, reflète néanmoins l'élégance d'expression en usage dans les salons que l'écrivain fréquentait.

Paul Gazagne,
Marivaux par lui-même (1954).

C'est le langage du théâtre, la poésie de la rampe que retiennent les contemporains.

Chez Marivaux pour les Italiens, le miracle du théâtre *joue* au maximum. Le miracle, c'est-à-dire cette métamorphose qu'imposent les règles du jeu. L'expression se fait mimique, le mouvement danse, on cabriole : dès que l'on pense à Marivaux, et plutôt que de penser à « marivaudage », pensons que Marivaux s'adressait à des acteurs pour qui le *corps* compte — le jeu du muscle, le feu du regard, la torsion des lèvres, l'envol des mains, des « gestueux » pour qui le théâtre est exercice physique. A cette métamorphose du geste répond une métamorphose du langage. [...]

Cette fête du geste et du langage, cette poésie, sert la pudeur. La métamorphose est alors travestissement, masque. Les Italiens de Marivaux ne jouent plus réellement masqués (sauf peut-être Arlequin) tant la mimique, les regards sont nécessaires à la *totale* expression du texte — mais c'est précisément derrière cette mimique, ces regards, ces phrases, cette vivacité qu'ils se dissimulent. La surprise et l'alarme se déguisent en bouderie, les vrais pincements d'un vrai cœur en sourires ironiques. [...] L'erreur consiste à confondre cette pudeur avec la coquetterie glacée.

Jean-Louis Bory,
Cahiers Renaud-Barrault (janvier 1960).

SUJETS DE DEVOIRS ET D'EXPOSÉS

NARRATIONS

● Imaginez les rêveries de Lisette, seule devant son miroir avant l'arrivée (ou l'aveu) d'Arlequin.

● Une jeune fille du monde assiste à une représentation du *Jeu de l'amour et du hasard* en 1730. Ecrivez la lettre dans laquelle elle raconte ses impressions à une de ses amies.

DISSERTATIONS ET EXPOSÉS

● La peinture de l'amour dans *le Jeu de l'amour et du hasard.*

● Les personnages de Marivaux sont-ils des personnages de Watteau ou des créatures de chair et de sang?

● L'image et la critique de la société, et la part de l'évasion et de la fantaisie dans *le Jeu de l'amour et du hasard.*

● Le hasard joue-t-il un rôle dans *le Jeu de l'amour et du hasard?*

● La situation de Marivaux par rapport à l'idéal classique du goût et de la raison.

● Marivaux définissait son ambition littéraire : « J'aime mieux être humblement assis sur le dernier banc dans la petite troupe des auteurs originaux, qu'orgueilleusement placé en première ligne dans le nombreux bétail des singes littéraires. » Pouvez-vous apprécier dans *le Jeu de l'amour et du hasard* l'originalité des conceptions morales et esthétiques de Marivaux?

● « Il ne m'est jamais venu dans l'esprit ni rien de malin ni rien de trop libre. Je hais tout ce qui s'écarte des bonnes mœurs. Je suis né le plus humain de tous les hommes, et ce caractère a toujours présidé sur toutes mes actions. » Appliquez ce jugement de Marivaux sur lui-même au *Jeu de l'amour et du hasard.*

● Parlant de Marivaux, Claude Roy écrit : « Ce qu'il a à exprimer, il le fait grâce à la poésie de théâtre, et non par le truchement de l'écriture d'idées. Prenons garde d'ailleurs que cette psychologie de Marivaux n'est pas, comme on peut être conduit à le croire, une psychologie intemporelle ou extra-temporelle. L'univers dramatique de Marivaux n'est pas univers de fantaisie et d'arbitraire. » Dans quelle mesure la peinture de l'homme dans *le Jeu de l'amour et du hasard* semble-t-elle être le reflet des mœurs et des problèmes du XVIIIe siècle?

● « On a peine à croire à la profondeur d'une œuvre qui ne semble point douloureuse. On va aux écrivains qui exaltent ce qu'on croit être le tragique et n'en est parfois que la contrefaçon, on se détourne en revanche de ceux qui viennent à nous, parés des séductions de la grâce, de la transparence et du bonheur. » En vous inspirant de cette réflexion de Claude Roy (*Lire Marivaux)*, vous direz en quoi et pourquoi vous pouvez vous sentir attiré, ou non, par une œuvre comme *le Jeu de l'amour et du hasard.*

● Marcel Arland dit de Marivaux qu' « il introduisit en France ce genre que Voltaire, trente ans plus tard, devait appeler le drame bourgeois ». Cette qualification peut-elle s'appliquer au *Jeu de l'amour et du hasard ?*

● En quoi l'expression « excès de politesse littéraire » (Antoine Adam, *Histoire des littératures,* Gallimard) peut-elle s'appliquer à l'auteur du *Jeu de l'amour et du hasard ?*

TABLE DES MATIÈRES

IMPRIMERIE HÉRISSEY. — 27000 - ÉVREUX.
Mai 1970. — Dépôt légal 1970-2e. — No 21436. — No de série Éditeur 8663.
IMPRIMÉ EN FRANCE (*Printed in France*). — 34 591 W-4-78.